姑苏原味

永遇樂

朱建春/主编

中国·苏州
古吴轩出版社

仅以此书致敬改革开放四十周年

图书在版编目（CIP）数据

永遇乐 / 朱建春主编. — 苏州 ：古吴轩出版社，2018.12
（原味姑苏）
ISBN 978-7-5546-1309-2

Ⅰ. ①永… Ⅱ. ①朱… Ⅲ. ①改革开放—介绍—苏州 Ⅳ. ①D619.533

中国版本图书馆CIP数据核字（2018）第289529号

统筹策划： 中共苏州市姑苏区委宣传部
名城苏州网站
责任编辑： 张　颖
见习编辑： 周　娇
版式设计： 张　凡
责任校对： 韩桂丽　王　莹
封面摄影： 王海燕

书　　名： 原味姑苏·永遇乐
主　　编： 朱建春
副 主 编： 黄　河　黄　健
执行主编： 江南颐
出版发行： 古吴轩出版社
地址：苏州市十梓街458号　　邮编：215006
Http: //www.guwuxuancbs.com　E-mail: gwxcbs@126.com
电话：0512-65233679　　传真：0512-65220750
出 版 人： 钱经纬
印　　刷： 张家港市恒丰包装有限公司
开　　本： 787×1092　1/16
印　　张： 6
版　　次： 2018年12月第1版　第1次印刷
书　　号： ISBN 978-7-5546-1309-2
定　　价： 28.00元

苏绣

余怀霖

枕上的柳条细细密密
黄莺也笑意盈盈
午后的时光停了一小会儿
只为了看那绣娘
坐在绣花巷的桥边

应该还有一个人
带来好多家蚕
他从黄帝老婆的手里买来
要在平江路上
绣一座带花的房子

这真是一个美好的午后
她在桥边绣花
皇帝在梦中唱起小调
苏州的天上
小鸟也收拢了翅膀

01

41

16

65

目 录

苏绣 余怀霖

夜湖东 罗志豪 / 摄

空中鸟瞰新姑苏

文 / 江南颐

飞阅大苏州组照之虎丘 沈旻 / 摄

无论是“登泰山而小天下”，还是“会当凌绝顶，一览众山小”，古人的视野显然受地理环境的局限。而视野的局限恐怕也会限制思维的空间。试想一下，倘若古人也能像王巃俊、杨利伟那样于太空梭上眺望蓝色星球，抑或在“九千仞”的高度一览广袤的长江中下游平原，那又会激荡出怎样的诗情？吟咏出怎样的传世诗篇？

飞行器的出现把人们的视野和想象提升到了一个前所未有的高度。一个我们世代居住生活的地方，一个我们司空见惯的景观，因为观察高度的提升，而呈现出陌

新老觅渡桥 瞿金根 / 摄

生而绚烂的变幻。于是，有人惊奇地称之为“上帝之眼”。

2017 年，姑苏区委宣传部发起了一个“空中看苏州”的航拍大赛，数百幅精湛的作品，立体地为世人呈现出苏州城市的百变身姿——古今、四季、晨昏、城乡、动静……为苏州人认识自己的故乡又打开了一扇神奇的窗——

作为姑苏城市的象征，千年的虎丘塔依然巍峨地耸立，而同样古老的觅渡桥却被赋予了全新的内涵。一边是安详的历史，一边是车水马龙的现实。城市的古典与现

灵岩冬雪 张朝阳 / 摄

夏雨荷 濮建明 / 摄

赛龙舟 阮思成 / 摄

水乡人的夏日生活 顾娟 / 摄

霞映暨阳湖 陆江山 / 摄

代于对比中显得那样和谐。

同样形成对比的，是灵岩山的冬雪与湿地公园的夏荷，前者完全颠覆了人们对江南山水阴柔灵性的旧识，若雄浑的交响曲；而后者，则映射出苏州城市的慢生活，宛若舒伯特的小夜曲。

水，是苏州永远的灵魂。水的内涵已经被全方位地诠释了。千百年来临水人家的生活习俗被原汁原味地保留下来，如今，临水的晨练、湖中的龙舟争渡却给水乡生

活带来更多动感的解读。

是的，太湖、金鸡湖、大运河、暨阳湖……无处不在的苏州水，有着博大的襟怀，在不同的季节显现出了完全不同的色彩。在这里，水中的中式亭台与湖边的东方之门，呈现出的却是异曲同工的几何美，成为老苏州、新苏州和洋苏州和谐相生的最好脚注……

从欸乃的小船到划湖而过的动车，四十年，苏州的城市魅力依旧。

碧玉簪 宋鑫宝 / 摄

晚霞映彩 史峻千 / 摄

高铁越湖 张裔 / 摄

远眺重元寺 顾振强 / 摄

寒山寺秋爽大和尚在撞钟 王建中 / 摄

姑苏城外霜天清响

——寒山寺除夕听钟声迎新年活动四十年回眸

文 / 汪祖民

一钟撞响众钟鸣，神州大地奏和音。

1978 年 12 月 18 日，十一届三中全会在北京召开，中国改革开放的大门从此打开，春潮澎湃，万马奔腾，各项事业焕发出欣欣向荣的景象。

寒山寺自 1979 年 12 月 31 日夜至 1980 年 1 月 1 日晨首创“听钟声，祈祷世界和平法会”除夕听钟声迎新年活动，至 2018 年初，已连续成功举办三十九届。

1979 年的那个夏天

寒山寺除夕听钟声迎新年活动肇始于 1979 年盛夏。日本池田市日中友好协会副会长、关西国际旅行社负责人藤尾昭带领日本客人到苏州观光旅游。时任苏州市人民政府外事办公室主任的吴增璞陪同藤尾昭一行游览寒山寺。

在交谈中，双方讲起了中日两国民间流传的有关寒山拾得二位大师的逸闻趣事。藤尾昭先生兴致勃勃地谈起唐代鉴真和尚东渡，并称日本的大阪和静冈等地都有寒山拾得寺。他还说，日本明治年间（明治是日本天皇睦仁的年号，1868—1912 年共四十五年），石刻师山田寒山在日本四处寻找寒山寺的古钟，在不得下落后，发起募捐，重新精铸两口铜钟，一口送到中国寒山寺，另一口留在日本馆山寺。

说着说着，藤尾昭突发奇想：日本国民在除夕有到寺院守岁，听 108 声钟声，以祛除烦恼，祈求吉祥、平安和幸福的风俗习惯；如果能够抓住时机推出一个活动，吸引和组织日本旅游者在除夕之夜到苏州寒山寺聆听钟声，寻根溯源，不是很有意义么？

他的设想获得了苏州市人民政府外事办公室和关西国际旅行社苏州支社等的积极支持，也得到了时任中国佛教协会副会长赵朴初的大力支持。当年，赵朴初陪同日本友人访苏，特别为寒山寺题的“霜天清响”四个大字，至今仍悬挂在枫江楼中。

藤尾昭先生回国以后，马不停蹄地进行宣传、组团。1979 年 12 月 31 日，藤尾昭率领首批寒山寺除夕听钟团九十余位日本友人远渡重洋，来到苏州，聆听寒山寺除夕钟声，此次听钟声活动名为“听钟声，祈祷世界和平法会”。

寒山钟声蜚声海外

唐代，中国文化尤其是佛教文化远播日本。寒山寺的钟声也随着《枫桥夜泊》在日本广泛传播开来。日本自民治维新时代启用公历纪年，把12月31日当成除夕夜，称为“大晦日”，意思是把一年的晦气全部留在过去。在这一天，全日本的寺院和神社都要举行敲钟仪式，且必敲108声，这与唐诗《枫桥夜泊》有着密切关系。

在日本，此诗被编入了教科书，可谓家喻户晓，其影响力远远超过了其他唐诗。清朝国学大师俞樾在《新修寒山寺记》写道：“凡日本文墨之士咸造庐来见，见则往往言及寒山寺，且言其国三尺之童，无不能够诵是诗者。”甚至在东京，有人也建造了一个寒山寺，刻有《枫桥夜泊》。2006年，时任日本首相的森喜朗先生来到苏州时说：“苏州和苏州寒山寺是我向往的地方。”

寒山文化不仅影响了日本，甚至远播欧美。1953年，美国诗人加里·斯奈德开始将寒山诗翻译成英语和法语，寒山诗一时之间风靡西方世界。恰逢美国“垮掉派”运动兴起，寒山诗竟成了“佯狂似癫”的嬉皮士和朋克的“精神食粮”。美国学者罗伯特·科恩（Robert Kern）曾经回顾：“在当时的语境下，斯奈德笔下的寒山——这位唐代诗人、疯癫的山之隐者——就变成了一位‘垮掉’英雄和反文化的先锋。”

二十世纪九十年代，美国小说家查尔斯·弗雷泽创作的长篇小说 *Cold Mountain*，扉页就引用寒山诗“人问寒山道，寒山路不通”（Men ask the way to Cold Mountain/Cold Mountain: there’s no through trail）。这部小说在2003年被拍成经典电影《冷山》。寒山，这位中国文学中的“边缘诗人”由此走进西方文学的殿堂。

2017年9月12日晚6点，“第三十九届寒山寺新年听钟声活动”作为一项极具中国特色的文化活动，其活动海报被推广到了美国纽约的时代广场。

40年的变与不变

尽管每一届听钟声活动都各有个性与特色，但总体形式、基本主题还是保持相对稳定的。从狭义上看，这项活动体现了人们祈求和合人生，对未来幸福美满生活

当地时间 2017 年 9 月 12 日晚上 6 点“第三十九届寒山寺新年听钟声活动”形象宣传亮相纽约

的盼望。从广义上讲，这项活动就是为了“祈祷世界和平”。

1979 年至 2018 年，四十届寒山寺除夕听钟声迎新年活动经历了初创、发展、完善、提高等阶段。从 1983 年起，活动升格为由苏州市人民政府主办，并首次采用了庙会形式，将传统的文娱演出移到寒山寺周边进行。从 1985 年起，苏州市市长开始在活动上致新年词。

随着寒山寺周边环境的明显改善，特别是枫桥景区的建成，苏州市民和海内外旅游者听钟声的热情高涨。1995 年后，主办方取消了固定演出场所的文艺晚会，增加了庙会活动内容。围绕听钟声活动，市旅游部门又将园林、古镇、老街、太湖以及一些新兴的游览景点组织成特色游线套餐，让海内外宾朋能更深入地了解苏州的老景点、新面貌。

进入新千年，寒山听钟活动特色更加明显。2005 年，活动以在苏州市会议中心举行盛大的“宗教音乐会”为标志，展现了苏州佛教音乐和道教音乐的神奇魅力。2008 年，听钟声活动时间从一天延长到五天，除传统内容外，还增加了文化论坛、书画展览和大钟大碑工程圆成庆典活动。2009 年，主办方开始运用市场化运作模式开展筹办工作，使活动更显生机和活力。

随着互联网技术在人们生活中的广泛运用，寒山听钟活动的影响愈发深远。2012 年，主办方通过网络向公众广泛征集活动创意，进行相关的宣传推广；在活动举行时，寒山寺的钟声不仅仅能够在现场聆听，还可以通过网络等新媒介传播到世界各地，让网民同步聆听这 108 声吉祥钟声。同时，主办方还推出了“私人订制”活动，让更多的网民身临其境地参加活动。

百八钟声传递吉祥

从首届只有中日两国一百二十人（其

中日本游客九十余人）左右参与的活动，发展到如今国内外游客（入寺院六千余人，寺外超万人，网络影响超亿人）都广泛参与的大型旅游活动，寒山听钟终于成为苏州民众喜闻乐见的、踊跃参加的重大辞旧迎新节庆活动。

如今，每到寒山寺听钟声迎新年活动的那晚，枫桥路上张灯结彩，人流如潮，环绕寒山寺的店肆市招，灯火通明。打腰鼓、舞狮子、荡湖船、杂技等诸多民间文艺活动精彩纷呈。工艺品店、旅游纪念品商店、画铺、茶庄、书场等热闹非凡。寒山寺内万灯辉耀，香火缭绕，寺僧诵经，木鱼声声，民俗文化与宗教文化交相辉映。

尽管寒山寺听钟声迎新年活动组织形式有所变化，但“夜半钟声”的特色始终没有改变。为了使第108声钟声刚好在新年零点零分零秒时敲响，主办方设计每次间隔10秒撞钟一次，共用1080秒，计18分钟。第一次撞钟时间必须为12月31日23点42分10秒。撞钟工作前二十届由性空法师操作，从二十一届起，由秋爽法师进行。

佛教认为，人生无常，祸福相依，一年中有108种烦恼。唐代怀海禅师所制《百丈清规》称：寺院“晓二时鸣大钟一百零八声，以觉醒百八烦恼之迷梦”。芸芸众生，“闻钟声，烦恼轻，智慧长，菩提增”。寒山寺的钟声是吉祥的钟声，它能够满足人们祈祷吉祥幸福的美好心愿，寄托人们追求快乐生活的期盼。聆听寒山寺的钟声，消除烦恼，获得吉祥，这已经成为人们的向往与共识。

寒山寺听钟声迎新年活动，体现佛教文化博大精深的丰富内涵，发挥文化交流和经济合作的重要桥梁作用，满足人们迎接新年元旦、祈祷吉祥如意的美好心愿，成为苏州一项富有时代特色的新民俗文化活动，也成为当代苏州对外交流与合作的一个重要窗口，是弘扬和合文化、传播吉祥文化的新载体。

伴随着寒山寺浑厚深沉的钟声，人们进入诗一般、梦一样的境界。“古钟敲，新年到。寒山寺，度良宵。钟声伴君驱烦恼，钟声祝君新年好。有缘来年再相会，年年相逢在枫桥。”聆听寒山寺悠扬、洪亮、吉祥的钟声，弘扬追求世界和平、社会和谐、民族振兴、人民奋发上进的昂扬精神，是留在人们心中的美好心愿，持久而绵长！

本文图片除署名外，均为作者提供

左上：第一届寒山寺除夕听钟声活动，寒山寺监院净持法师观看日本篆刻家梅舒适挥毫 周纯炎 / 摄

右上：第一届寒山寺除夕听钟声活动，寒山寺性空法师与日本客人在钟楼上

左中：第十届寒山寺除夕听钟声活动，客人们在饭店吃年夜饭 周纯炎 / 摄

右中：第二十届寒山寺除夕听钟声活动，寒山寺方丈性空法师致辞。这是性空法师最后一次为来宾撞钟

左下：第二十一届寒山寺除夕听钟声活动，寒山寺喜迎新世纪 吴万一 / 摄

右下：参加寒山寺除夕听钟声迎新年活动的留学生在和合大道门前合影

桃花坞文化创意产业园

旧工厂的苏式创意

文、图 / 倪熊

苏州古城，曾经是一个“厂门没有庙门多、烟囱没有宝塔多”的悠闲城市。随着发展和建设的需要，从二十世纪五六十年代开始，新兴的工业在面积不足 20 平方公里的古城如雨后春笋般出现，加之原有的民族工业，古城区的大小企业星罗棋布。

随着改革开放的不断深入，以及人们环保意识的觉醒，一些企业开始陆续搬离古城区。旧厂房该何去何从？苏州给出了自己的经验。

二十世纪九十年代，为加快经济结构调整，苏州古城区及周边一些污染重、能耗大、效益差的企业陆续搬迁、改造或停产关闭。二十一世纪以来，大量闲置的厂房被政府和有心人士盘活了，于是，苏州城内大大小小的各类创意产业园如雨后春笋破土而出。

比如，一丝厂老厂房改造成 989 文化创意园，江南无线电厂改建成江南文化创意设计产业园，新光丝织厂变身为桃花坞文化创意产业园，娄门路上的电镀厂成了博济科技创意园，仓街上的振亚丝织厂金工车间现在是蜗牛游戏研发创意园，白塔东路苏州电容器厂成了容·创意园，临顿路上的东风通信设备厂正悄然变为品阁家居生活创意中心……

一

我家住在人民桥和南园桥之间，与南门路上的 989 文化创意园算是隔壁乡邻。我目睹了一丝厂的由盛而衰。但不经意间，这里又渐渐热闹起来。有一日走进去，竟发现这里已然成了一个极富艺术气息与文化韵味的创意新空间。

989 文化创意园的主建筑共有大小仓库两幢，建筑本身并不出色，是平板式的水泥高楼。但它是古城外围最早向创意领域进军的区域，因为傍着大运河，远远望去，高挑的建筑颇为显眼和优雅。后来才知道，我的几个艺术家朋友都在这里开有作坊、工作室。

桃花坞大街是由古朴石板铺成的名街，

上：平江设计产业园已初成规模　下：远看蜘蛛侠，近看兵马俑

若是在淅淅沥沥的小雨中走过，便有着戴望舒《雨巷》般的诗意。由原新光丝织厂老厂房改造而成的桃花坞文化创意产业园就坐落其间。

文汇出版社的苏州团队占据的是一栋单体二层的独立小楼。和园里其他的楼群一样，外墙都粉饰一新，几乎没有过去工厂的印迹了，但远处仍有遗留的墙垣、斑驳的红砖和枯藤攀蔓。若是在阳光明媚、蓝天白云的时候，这里应该可以拍出意境悠远的片子。

版画家顾志军的工作室也在园子里。他喜欢在窗口挂一只鸟笼。“我的工作室有一个最好的窗，俯首可以看得见粉墙黛瓦的苏州人家，放眼可以看得见青瓦红砖的旧工厂房，远眺可以看得见姑苏名胜北寺塔。”

娄门外的博济科技创意园也叫平江时尚艺术中心。这里曾是二十世纪五十年代中期苏州电镀厂的厂房，建筑特色明显。苏州老建筑中的经典色调——黛瓦粉墙得以完整保护。同时，改建者还加上现代化的建筑元素，譬如采用钢结构、玻璃等硬朗的元素，一方面作为保护旧建筑的加固和护罩，一方面也成为装饰。

二

印象深刻的是浮尘设计工作室。优雅的纯白空间，盘旋而上的宽广楼梯，几张桌椅静静落在屋子各处，透着苏式慢生活的恬淡。而一个名为森的艺术品公司，设计感则更加明显——把一艘巨大的木船拆了作为主体装置，沧桑的老木头和白亮的陶艺对比十分鲜明。

白塔东路 26 号的容·创意园也是由老厂区改造而成的。这里原来是苏州电力电容器有限公司，周边因为有耦园、平江路、拙政园和苏州博物馆等人文景观，有着深厚的文化积淀。这是一个面向时尚、市场和青年人的产业区。园里墙上随处可见的五彩涂鸦，体现出城市的活泼与动感，足以让人感受创意园的强烈氛围。

坐落在胥江路 426 号的苏州江南无线电厂始建于 1958 年，如今旧址上建起了江南文化创意设计产业园。从这里走出的苏州和氏设计营造股份有限公司于 2014 年 1 月挂牌上市，成为国内博物馆、展览馆行业第一家新三板上市企业。

三

苏州的这些旧工厂格局没有被破坏，多数依然有门卫。由此也与市民、游客有了距离。而我理想的创意产业文化街区，就应该是平江路、山塘街、桃花坞这样的，市民游客可以随意进进出出。有一些文化机构、一些创意单位、一些设计会所、一些文艺小店。商业氛围尽量少一些，文化气息尽量浓一些，再有一些苏州传统文化和生活的韵味。

这让我不由自主地想到了姑胥桥那儿的 69 阁。这是苏州古城区最大的文化创意产业园，前身是苏州二叶制药厂。二叶是个厂名，也是个品牌，常常被人误作是“二药厂”。这个始于 1946 年的老厂，大部分建筑是二十世纪五十年代到八十年代陆续建造的。现在看来，既有中式的精致又有欧式的浪漫。

改造是成功的。有着二十世纪浓郁工业建筑风格的老厂房、老仓库，基本得以保留，同时增添了国际流行元素。独具韵味的烟囱、钢罐塔楼、LOFT 空间、红楼、胥江河畔的风情水景街，将文化、艺术、休闲、娱乐有机结合，形成自然风景、工业遗产、人造景观的完美结合。之所以叫 69 阁，是因为这里留下的房子大大小小有 69 栋。

这里完全不设防。观光客和周边居民可以从任何一处随意进入。我去的时候，是沈主任接待的。他是“二叶厂”唯一的留守员工，对这里的前世今生如数家珍。

他得意地告诉我，家喻户晓的“动漫之父”宫崎骏的吉卜力工作室前几天来苏州考察，非常看好这里，签订了在此建动漫工作室的合作意向。

他指着对面那座体量最大的红楼，说洛可可的著名设计师看中了这座房子，说它是二十世纪最典型的包豪斯工业设计产品，这种建筑在国内已经很少了。

在创业园里，有很多追逐着梦想的年轻人。一些团队租下二三十平方米的地方，就开始“螺蛳壳里做道场”。在老沈看来，创意产业园是一个新生事物、新兴产业，自己需要边干边学，他从年轻人身上也汲取了很多力量和创意。他在这里乐此不疲，既有对过去工厂难以割舍的感情，也有对未来的美好憧憬。

上：69 阁外景　下：在 267 厂的旧址上，辟有茶道的展示和培训场所 / 本图由宋桂友提供

顾曾平 / 绘

过年是一场隆重的告别

文 / 吴迈 图 / 于祥

我的童年覆盖了二十世纪整个七十年代。七十年代的苏州，物资虽然也是匮乏，但比起中国其他大部分城市，显然要安逸与富裕些。至少，我记忆中的年总是过得温暖而快乐的。哪怕只是旧棉袄外面着一件新做的花布罩衫，或者是一两块塞在红纸包里的压岁钱，都足以让那时的我，心心念念盼望过年。

扫年货

其实，长辈们是怕过年的。他们须提前好些天从国营菜场或粮店排长队买回凭票供应的年货，如鸡、鸭、鱼、肉、米、面、粮、油、白糖、年糕、豆制品等。有些年货，甚至要早上四五点钟去排队才能买到。那时候没有冰箱，年货便都被放在竹篮里，用绳子吊起来挂在房梁下。

在众多的年货中，油氽肉皮是最张扬的，打个洞，直接被吊着。现在想起来，这东西真的很好吃：泡发后的油氽肉皮与大蒜叶子一炒，屋子里便可以香上一整天。

油渣也是好东西，可以用来搭烂糊白菜，但我最喜欢在刚炸出来的油渣上撒上一点盐直接嚼，脆香蚀骨。

最有趣味的是冻豆腐，现在当然不稀罕，但那时，做法十分有趣。必得三九四九的天，把豆腐整块放在屋外窗台上，一夜彻骨的寒风，将白嫩白嫩的豆腐吹冻成冰块，然后用滚开的热水浇上去，褶皱里已经成冰的水瞬间融解，一块冻豆腐就做成了，“透、漏、瘦”，竟具备着苏州太湖石的品格。

做蛋饺

除夕日的下午，各单位都开始放假。母亲开始洗荠菜、包春卷，剁肉糜、搓肉圆。父亲要制熏鱼、做蛋饺，在砂锅里炖上笋干红烧肉和红烧蛋。年里可能吃不完的鱼肉事先留出来，找钵头腌上，糟鱼和糟肉一并制备妥当，便开始忙着炸或炖的菜肴了。另一个平时不用的蜂窝煤炉也点起来了。这时候，我身上的每根神经都会变得兴奋，贪婪地享受着食物烹饪时弥漫在空气中的那些香味。

准备过年食物，最需有耐心的是做蛋饺。父亲坚持自己做。他做的蛋饺只只“秀外慧中”。蛋饺皮是鸡蛋加鸭蛋混在一起打的，一定要搅拌得非常均匀，用筷子捞不起一丝丝蛋液。父亲做蛋饺的工具是一把长柄圆勺，在圆勺上放一块白花花的猪肉板油，就着过掉了旺火期的蜂窝煤炉，飞快地上油，旋转出蛋皮，放上香葱、黄酒以及调好味道的肉糜，折叠一下，倒扣入碗。

每年做蛋饺，都是父亲小年夜的一件活儿。父亲技术太好，即使稍有瑕疵，也能很快补好。他看我坚定地陪在一旁，知道我心里在想什么，于是舀一勺蛋液，专门做一张蛋皮给我，好让我吃完后心满意足地乖乖去睡。

拜年忙

大年初一起床第一件事就是贴春联、贴福字。这一天不能扫地，也不能动刀，早餐一定要吃糖年糕和小圆子。圆子汤可以加一点酒酿，撒点桂花，或者也可以放几瓣橘子，取“吉乐”的口彩，叫“吉乐圆子”。

吃完早饭，穿上新衣服，就开始拎着礼品互相上门拜年。拜年期间，在各家吃的饭菜大同小异，菜肴也基本上都是大小年夜做好的。初一到初五，来了客人，只需把成品或半成品拿出来加热加工即可。

招待客人，除了瓜子、糖果和水果外，主人一般还会下厨做点心。点心无外乎就是糖年糕、猪油年糕，或者炸春卷，每家都差不多。我们家的春卷分荠菜肉丝馅儿、白菜肉丝馅儿和豆沙馅儿几种，好吃到“停不下来”，以至于几十年来我有了根深蒂固的春卷情结，不吃着春卷，好像就没有过年。

苏州人的春卷，与北方人家吃的春饼寓意应该是一样的。过年，是告别寒冬，迎接那个终将归来的明媚春天。

旧习俗

苏州古老的年俗，我了解得不多。小时候，那些都被“破四旧”给破掉了，后来民俗渐渐回归，但祖父母、外祖父母都不在了，父亲也不在了，母亲只有将自己依稀记得的一点老规矩教给我们，也不要求我们照做。如今想来，现在很多年俗，也不一定都是正宗的传承，或许多少有些仪式化，是人们美好心愿的表达。

腊八节喝粥在我家不算一件重要的事。母亲说，其实以前主要是庙里的和尚会在那天施粥。腊八粥分甜口味的八宝粥和咸口味的菜粥，好的八宝粥才有莲心、桂圆等食材在里面。

“掸檐尘”的传统，我家倒是有所继承。但不一定非在腊月二十三、二十四那两天。年前的星期天，家里要彻底大扫除。印象里，父亲喜欢拿着鸡毛掸帚一一掸过来。而母亲呢，洗洗涮涮，将床上用品、窗帘、桌布等全都洗个遍。

苏州人腊月二十三或二十四，是要送灶的。据说祭祀了“灶界老爷”（即灶神），来年才能家道兴旺。母亲曾说，她小时候不仅年前岁末要送灶，到了大年夜晚上，还要把“灶界老爷”再请回来。可能灶神年终也要赴天宫参加年会，开完会自然还是要回到自己的岗位的，至于带回的玉皇大帝的红包要发给谁，就看谁家的鞭炮更响，谁家的祭品更丰厚啦。

也许是“仓廪实”而“知礼节”，古时候的苏州人过年仪式感很强，年前的祭祀尤其隆重。“过年”是祭神，而“过节”是祭祖，这两样仪式同等的重要。

年夜饭是过年中最隆重的仪式

年夜饭

按照老规矩，祭祀完毕，一家人才围坐一起开始吃年夜饭。年夜饭好吃，也许是因为它是整个春节的第一顿筵席，此后天天大鱼大肉，味道也差不多，自然是要吃腻的。

我只知道年夜饭里必定得有荸荠。煮饭的时候，一只只整个儿洗干净了埋在米粒中，饭熟了掘出来剥皮就吃，寓意为“掘元宝”；还有青菜和黄豆芽，代表安乐与如意，苏州话里“绿”和“乐”同音，而豆芽形似如意，因此这两道菜必不可少。

在冷盆热炒上齐后，必定还要有一只暖锅。暖锅里有蛋饺、肉丸、冬笋、咸肉、粉丝等，很热闹。其实吃到这个时候已经没啥胃口了，看着扎扎实实的一锅，真的感觉幸福就是吃“撑”出来的。

喝酒，苏州人首选的是黄酒。温热了，加姜丝，加话梅，甜润醇厚。二十世纪七十年代的苏州，葡萄酒很少，也许因为很贵，宴席上也并不多见。如果不喝黄酒，也不爱老白干，那么，有一种叫“醇香酒”的，就是我们这一代人记忆里的“红酒”。

醇香酒很甜，度数不高，颜色深红，比葡萄酒的红还要深一些。我父母亲都很爱这种酒，请客人，或是被请吃酒水，都选择醇香酒。我家那时候有一套乳白色的小酒盅，很精美的翻边造型，深红色的醇香酒，配上精致的酒盅以及“厚嘟嘟”的甜甜味道，我每次都会趁大人不注意偷偷喝一点儿。

除夕夜

除夕夜还有一件重要的事情，就是封井。封了井，要到年初四才能开封。这几天要用的水都得事先从井里打出来，灌满几只大水缸。我儿时家中倒是有一口井，可惜那时已经不兴这些仪式了，终究没有见过井的封法。想来一个处处有水井的水源丰沛的城市，封井的含义应该是聚财与祈福，或者是对大自然恩泽的一种谢意。

大年夜睡觉前，大人关照孩子们把床前的鞋子都翻过来放，鞋底朝天。据说如果不翻过来，大年夜老鼠做亲，会把你的鞋子当婚床。孩子们总是好奇地问，老鼠做亲啥样的？想等着看，但每次都困得等不及就睡着了。早晨醒来赶紧先摸摸枕头底下，压岁钱在了呢，那么，老鼠做亲的事就不重要了。

过年是一场告别。告别寒冬，告别去年的自己，告别身体的或灵魂的故乡，告别不断被遗忘的一段段生活。既然万物将在这个季节复苏，生命历经一次蜕变重又来过，那么，何不让告别来得更隆重呢？

我们这一代，经历了中国巨变的四十年。一切都变得太快，太颠覆，可能这四十年的变化比古时候四百年的变化还剧烈得多。所以，总想记录些东西，以真实的态度记录一些真实的内容，不知道是否有价值或有意义，但多少能对抗时光对于日子的遗忘。

周文雍 / 绘

打年货

文 / 张建林 图 / 于祥

年货，你会打吗？

过年，自古以来就是最重要的节庆活动。不管穷人还是富人，都要提前准备过年所需的物品，特别是食物。吴地呼作打年货。

旧时市场，物品匮乏，大家怕到了年关物品短缺或者物价暴涨，于是，进入农历十二月，就开始打年货了。另外，形成打年货热潮的一个重要原因，是不管是在集镇，还是城市，人们对过年远比现在要重视得多。商家大年三十起，一般都要自行停业几天，有“五天年”之说，也就是起码要关五天店门。因此，为了过好春节，做到衣食无忧，必须及早置办年货。

打年货一词不只流行于江南地区。这个“打”字是很生动形象的。不说买年货、准备年货，而要说“打”，我们的前辈实在是用词恰当极了。试想，腊月买年货，既要买全所需要的物品，又要货比三家、价廉物美，所以，置办年货者，要眼明手快，就好比打仗一样。如果出手不快，犹豫不决，就可能买不到好东西。

至于打年货的时间，也因各家的经济情况而有所不同。《淮阴风土记》说：“大抵打年货之家亦有差等：上户不到腊月，色色俱办；中户不到送灶，大致不差；下户挨到岁底，尚有不名一物者。过年，过年，暗里正不知蕴含多少酸辛。”

需要置办的年货很多，吃的、穿的、用的都有。此时的市场为顺应大众所需，主要以供应年货为主，故有“年市”之称。年货市场形成了一道独特的风景。《清嘉录》中有较详的记载：

市肆贩置南北杂货，备居民岁晚人事之需，俗称“六十日头店”。熟食铺，豚蹄、鸡、鸭较常货买有加。纸马香烛铺，预印路头财马、纸糊元宝、缎匹，多浇巨蜡，束名香。街坊吟卖篝灯、灯草、挂定、灶牌、灶帘，及箪瓢、箕帚、竹筐、磁器、缶器、鲜鱼、果蔬诸品不绝。锻磨、磨刀、杀鸡诸色工人，亦应时而出，喧于城市。酒肆、药铺，各以酒糟、苍术、辟瘟丹之属馈遗于主顾家。总谓之“年市”。蔡云《吴歈》云：“送灶柴枝束束齐，照厨竹挂双双提。燂汤砺刃独何业，惨听连声叫杀鸡。”

打年货的习俗一直延续至今。一般提前购置的东西，大多以能存放一段时间、不易变质的物品为主，如菜场上的南北干货：笋干、香菇、黑木耳、白木耳、粉丝之类。活鱼鲜肉也会买很多，买回家后用盐腌制或酱制。其余新鲜的食品，旧时没有冰箱，只能除夕之前购买。

所以，农历十二月二十过后，是打年货的高峰期，其中二十八日打年货者最多，称作轧廿八。此后的二十九日及三十日上午人也非常多，因为，再不买就来不及了。年三十下午打年货者已不多了，人们都在家中准备年夜饭了。年前两三天时间，菜场上人满为患。

从乡下到镇上打年货，大都要花大半天时间。很多人都自带几只较大的蛇皮袋，将所打年货放入袋中。一天不够，就只能第二天再上街。

《江苏岁时风俗谈》一书中有《置办年货》一文，对苏南苏北打年货的情况做了较详细的描述，文中说：

一进腊月，商店的生意便开始兴旺起来；过了二十，更加拥挤，街道上男男女女，提篮携袋，店门前排着长队，柜台前，“人头上接钱”。店员们辛苦忙碌，应接不暇；店老板招财进宝，喜笑颜开。

各人家除了购买柴米油盐、鸡鸭鱼肉、酱醋酒菜等基本食料，以及花生、瓜子、糖饵、水果等消闲食物以外，还需要买办绸布衣料，替家中小孩做身新衣，换上新鞋新帽。习惯上家制或购买的年货，还有请香烛、腌咸肉、灌香肠、挂风鸡、舂米粉、蒸糕点、炸炒米等，捎带办些花爆、年画、书写春联的红纸。不可缺少的，还有一块圆圆的蜂糖糕。各人家还趁此时节补充些锅瓢碗碟、淘箩筲箕等厨房事物。一过送灶，家家蒸点心，户户炒花生，大人小孩欢天喜地。还有青年男女趁着过年时节花烛完婚的，更加锦上添花，真是“赔不尽的女儿，过不尽的年”。

以上这些文字描写的打年货，是多年

过完年，春天就来了

前的情景，写得非常生动逼真，读来倍感亲切。

近几年，打年货的习俗似乎有所改变。以前年市人山人海的景象不再。究其原因有几个：一是市场货源充足，不会出现断货的现象了；二是大型超市的出现，对原来的年市也是一大冲击，超市中所有用品应有尽有，一下子就能采购齐全；三是很多家庭都到饭店吃年夜饭，省却了购置年货的麻烦，即使要准备一些，也不必买得很多。

年货市场也发生了很大的变化，年货的品种也和从前大不相同了。进入发达的信息时代，打年货的手段也有根本性的改变。小菜场、百货店等已不再是打年货的主要市场。很大一部分人，特别是年轻人选择的打年货市场，主要以大型超市为主，现在还逐渐向网络发展。可以说，传统的年货市场，将逐渐被网络市场所颠覆。也许不久的将来，网购、团购、秒杀将完全替代传统的打年货。

打年货，变成抢年货，是未来的一种趋势。

过年的年夜饭中，这荤汤是一定要烧的

难忘过年那一锅荤汤

文 / 王梦沂 图 / 于祥

儿时印象，过年就叫过年。大概是在上小学时，才听到将过年称作过“春节”的。其实春节这词，在我还没出生之前就有了，大都出现在官方话和书面语中，只是老百姓喜欢将旧传统牢牢记在心头，总还叫“过年”。尤其是苏州人，两千多年前过的年，早改成冬至节了，可现在还将冬至当作年来过，曰“冬至大如年”，可见苏州人的传统观念很难颠覆。

姑苏人家过年，似乎有一只巨大的手在指挥：何时掸檐尘，何时蒸年糕，何时贴春联，何时放鞭炮。家里的老人们，还有几句过年的老调，什么“一啥勿啥，先送灶家；一乱勿乱，先浸笋干”……总觉得传统的苏式过年，外表形式大都是“忙点吃吃”：祭灶祭祖要吃、团圆守岁要吃、拜年探亲要吃、接路头菩萨要吃、玩耍娱乐要吃，否则就不会有“年饱”之说了。

苏州人在忙年夜饭的同时，经常会说一句自嘲的谚语，“养媳妇，巴年到，荤汤萝卜吃一饱”（“巴”是盼望之意），意思是：养媳妇在平常日子是没啥吃的，好不容易盼到过年，家里再穷也要煮一大锅荤汤，养媳妇就能用荤汤煮萝卜吃个饱。

“养媳妇”是童养媳的别称，旧时苏州较为富庶的人家，喜欢抚养童养媳。于是就有苦人家将七八岁，甚至更小的女孩子，卖或送给大户人家当童养媳，这类女孩子往往在挨打受骂中熬到十七八岁才正式婚配，故称“养媳妇”。

苏州人描写养媳妇之苦的谚语还有：“热豆腐烫煞养媳妇。”说养媳妇在灶屋间里烧豆腐，饿得实在可怜，豆腐刚烧好就想偷吃一口，恰巧婆婆闯进来，吓得只好强咽下去，结果给热豆腐“烫煞”……当然这是夸张。还有一句“公要馄饨婆要面”,是说养媳妇做人难,在公婆之间轧扁头。

所以养媳妇总是盼望着快点过年，这样家里就可以煮上一大锅荤汤。汤里的鸡鸭肉，养媳妇是绝不敢多吃的，而萝卜反正不值钱，于是荤汤煮萝卜“呼啦、呼啦”吃一饱。

记得有一年，离春节还有一段时间，家中长辈用大号砂锅煮了一只咸猪头，煤炉上焐了半天后，又连夜拆好猪头肉，留下了一大锅咸鲜咸鲜的浓汤，第二天切了几只太湖萝卜落汤，鲜咸的汤加上入味的萝卜，真正让我尝到了“荤汤萝卜吃一饱”那畅快淋漓的感觉。

人们总会怀念旧时的过年时光。所以在苏州人的年夜饭中，这荤汤是一定要烧的，而且要尽量去烧顶级的年菜——“三件子”！所谓“件子”，就是不改刀的整件食材：整只老母鸡、整只老麻鸭和整只咸蹄髈。

我家以前过年，一有条件就会准备这样一只“三件子”大砂锅：三件东西都放进一只特大号的砂锅，在煤炉上用小火慢慢地炖，炖得满间山屋都充满诱人的香气，加上隔厢里好婆氽花生的香味，对房门阿姨做蛋饺的香味，空气中就散发出一种浓浓的过年味道。

对这饱含精华的“三件子”荤汤，苏州人并不会去过多形容它有多么好吃多么的鲜，只会说“鲜得眉毛都掉下来”！吃过年夜饭以后，人们会挑个阴冷之地，譬如北窗口，将这锅鲜浓的汤冻在那里。每天用小砂锅舀些冻胶似的原汤出来，落些菠菜蛋饺粉丝、白菜肉圆百叶什么的，实实惠惠、欢欢喜喜，起码能吃上个三五天。

曾和外婆一起居住在祥符寺巷一户老宅。小娘舅家住在二楼西隔厢，我和外婆住楼下客堂西的厢房里。客堂间里满满当当放着五户人家的八仙桌。住在楼中间的寡身张好婆家那张方桌东面，是一架走上去吱嘎作响的木楼梯。楼梯后面是灶屋间，里面放了各家的煤炉、煤球等。张好婆说话声音很大，外婆说她耳朵基本聋了，说话自己也听不大见，还以为别人也听不见。张好婆非但耳朵不好，眼睛也不好，尖尖的鼻子上架着一副一千多度的眼镜，这样还不够用，看东西总像在闻什么。

太监弄的新聚丰饭店

记得一次快过年时，小舅妈她们忙着洗啊煮的，自家八仙桌上锅碗盆什么的都快放不下了，看旁边张好婆的桌子上很空，就将一只大号砂锅暂时搁上了。砂锅里是吃剩的“三件子”汤，冻得紧紧的，上面有一层黄黄的荤油。这时，张好婆从外面购年货回家，坐在自家桌旁喘喘歇了口气，然后将一千多度的近视眼光转向了桌上那只大砂锅，大声说：“哎！这么大砂锅‘笃’格啥个好么事？”紧接着老娘家伸手去拎起了砂锅盖，鼻子眼睛都凑了上去。这时的张好婆，声音大得几乎是怪叫：“哎！乃么勿好哉，有张纸头吹下去哉！”说时迟、那时快，张好婆一只手已经以不可思议的速度伸了下去，捞起了那张“纸”，那“纸”油腻腻的，分明是一大片结冻的荤油……

现在家中，已难得烧这种“三件子”砂锅了，吃年夜饭一般也是上饭店。有时家里要烧“三件子”，也只能是半只鸡、半只鸭、半只蹄髈这么做，因为家里已经没这么大的砂锅了。

如果要吃真正的“三件子”，可到太监弄的新聚丰饭店预定。新聚丰是老苏州人开的苏帮菜馆，“三件子”已做出名了，甚至还可预定“五件子”（另外再加金华火腿和鸽子）。吃“三件子”一定要先喝原汤，本色原味的好汤是乳白醇厚、浓香透鲜、鲜而不咸的；鸡鸭蹄这“三件子”，看上去形整不散、肥腴厚实，上筷却是酥烂嫩滑的，入口更是鲜香滋润、腻如凝脂，苏州人所谓“一抿头”！喝饱汤，尝毕肉，还可让服务生将大砂锅端回厨房里去，落些白菜心、青菜叶之类的菜蔬，回烧一下再端上桌，汤中蔬菜往往被一抢而光，比荤汤里的萝卜要好吃多了。感谢新聚丰，还保留着这样一种难得的苏州原味，让我们能尝到记忆深处的老苏州味道。

再度火热苏城的“三件子”

“三件子”：何必拘泥“一菜一品”

文 / 老凡 图 / 于祥

秋意愈浓，饭店里“三件子”的订桌也就愈加火爆，这几乎成了近年来苏城餐饮的新流行。

一个大砂锅，锅内一鸡一鸭一蹄髈，名曰“三件子”，加入火方、鸽子则成“五件子”。曾在得月楼吃过一次五件之外再加甲鱼和老鹅的“七件子”，满满一大砂锅，砂锅直径最少也有六七十厘米，若要称重，当不在四五十斤之下，在一贯细小精巧的苏式菜系中，足堪称“巨无霸”。

这道大菜，虽也有“传统”的桂冠，但只怕名过其实。因为对于这样的烹饪手段，自古就颇多微词。早在清乾隆年间，美食大师袁枚就在他的《随园食单》中给过这样的差评：“今见俗厨，动以鸡、鸭、猪、鹅，一汤同滚，遂令千手雷同，味同嚼蜡。吾恐鸡、猪、鹅、鸭有灵，必到枉死城中告状矣。”

力夫菜

过了一百多年，苏州人对它的认识似乎也还没有改变。1947 年出版的《苏州游览指南》中，对苏州船菜大加推崇之时，还拿这道大菜做了一个反衬：“苏州船菜，向极有名，盖苏州菜馆之菜，无论鸡鸭鲜肉，皆一炉煮之，所谓一锅熟也，故登筵以后，虽名目各异，味而皆相类。”

这确实和苏州人讲究的“一锅一菜，一菜一品”的饮食理念相悖。苏宴的

"四六四"菜式传统配置中，最后的四道大菜是以全鸡、全鸭、整蹄、整鱼这样单独装碗的形式出现的，几乎没有如"三件子"这样将鸡、鸭、蹄髈混煮一锅的。另外，这道大菜在坊间还有一个不雅的别称——"力夫菜"。意思是说，从前从事重体力劳动者收入菲薄，十天半月也未必闻到肉香，偶尔有了点进账，就赶紧凑上钱，割肉买鸡回来，一没时间，二不懂厨艺，便将全部食材扔进砂锅里，就等着肉香出来赶紧打发肚子里那几条馋虫。此话稍显刻薄，不过也非全无道理。

不尴尬

"三件子"最为红火的年代，当数二十世纪六十年代前后。那是一个物资供应奇缺的时代，所有的食品都要凭证凭票，而且配额少得可怜：食油每人每月一百二十五克，豆类制品每人每月三分钱。一般家庭，隔上三五天能吃上一顿炒肉丝这样的小荤，就算是不错的了。一旦看见鸡、鸭、蹄髈这样的大荤，没几个人眼睛会不发光。平日里，不吃也就落个馋，可要是遇上了娶媳、嫁女这样的大事，对十分好面子的苏州人来说，就不只是尴尬了。

"三件子"的盛行，可说也是那个时代的无奈举措。连汤带水一砂锅，虽不敢说里面都是整件的料，但鸡、鸭、蹄髈总还是都有了。加上一条鱼，苏式婚宴上的"四大菜"就算是都有了。若是遇上了胃大的，把见底的砂锅拿到灶头上加汤回一下锅，放入些慈姑、笋干、白菜、菠菜等不抢味的素菜，再端上桌面来，又是热腾腾的一砂锅。好歹也算在礼数、排场上没显出太寒酸。

随着物资供应的不断丰富，大油大腻的"三件子"，也就逐渐退出了历史的舞台。

又一春

至于近十年来，"三件子"的再度火热，我征询过多位饕客，他们一致认为，这和如今的鸡鸭鱼肉等食材品质的下降有着极大的关系。单一的母鸡、老鸭、蹄髈汤已经满足不了饕客日益挑剔的味蕾了，尤其

“三件子”的原料还是很讲究的

是虾仁、蟹粉等高档水产的常食化，使得饕客对老汤的鲜美有了新的定义，于是向来不被人所喜好的“三件子”终于迎来了又一春。

“三件子”砂锅价格不菲。若不是一定要盛宴邀请，其实真没必要去馆子里消费这道大菜，因为无论是食材的选用，还是烹饪，在家都能很容易做到。对于“三件子”这样的汤菜，笔者向来都有偏好，时不时会在家中焐上一锅，只不过要比菜馆里的袖珍得多。一号的大砂锅里，放入三分之一的鸡和鸭，外加一只不太大的剥皮蹄髈，虽说没有菜馆里的“三件子”气派，但选料却能更为精细些。

鸡用本地的老母鸡即可，鸭则以当年的麻鸭为上。蹄髈肉最好能讲究些，因为苏州人历来就有“肉为根本”一说。如能选用如“苏太猪”这类本地的品牌肉，熬出的汤水汁浓味鲜，滋味更胜一筹。

有道是“好滋味一半靠火工”。对于“三件子”这一类汤菜尤其如此。熬汤时，最好先将鸡、鸭、蹄髈焯水后再洗净，这样汤汁会更清爽。熬制时可先投老母鸡，熬制半小时后再放蹄髈，最后放入麻鸭，这样处理，熬制出来的各式肉质的烂熟程度能比较一致。等到砂锅里开始透出香味时，转成小火再熬制两三小时，一锅地地道道的袖珍版“三件子”便大功告成了。

邀上三五好友，配上三五个小凉菜，揭开砂锅盖，在氤氲热气缭绕下，喝喝香溢浓馥的美味鲜汤，吃吃骨酥肉烂的鸡、鸭、肉，最后回厨房里放些青菜、菠菜等清淡素菜回烫一下，酒酣汤足，还真是挺享受的，真没必要拘泥于“一菜一品”的程式。而且，这样的“三件子”所费也不算大，其乐融融，经济实惠，不失为冬季中的一项超值享受。

蟹的生长，牵动着蟹农的心

最好的时光

文 / 潘文龙 图 / 陆敏 于祥

秋风响，蟹脚痒。秋天是老饕们欢庆的季节，而对于那些辛苦从长江入海口洄游繁殖的螃蟹们来说，秋天正是恋爱的最好季节。可惜，这最好的时光是如此短暂，从湖边蟹簖上开始，到人们的餐桌上结束，是一出典型的悲剧。

一

那天，躺在阳澄湖上的一艘小船里，看着东一道西一道的围网，在水里漾出杂乱的影子，远处水天一色，整个人不禁迷离起来了。

江南的秋天用四个字形容“菊黄蟹肥”，那真是再恰当不过了。菊花，是一种精神的意象，秋景愉悦人的心灵；而肥美的螃蟹，自然是熨帖肠胃的最佳东西。

谁也说不清这螃蟹怎么忽然就成了奢侈品和时尚饮食的招牌了。中秋一过，酒宴上少了这横行的家伙，似乎就少了不少分量。而一旦端上红鲜的一大盘，主人脸上就有光，客人心里就满足。大家觥筹交错，不醉不归。

“大闸蟹”成了苏州秋日里点击率最高的词汇。各家饭店橱窗和店招上都少不了这三个字。几年前，我在北京的一家五星级饭店看到店堂广告：新近空运上海大闸蟹，每只二百九十八元。乖乖，请一桌客人，没有个三五千还真下不来。

蟹的身价就像这两年的房价，在人们

上：蟹农老周　下：阳澄湖蟹之所以有名，是因为那里水清草好，无污染

的口水声中一个劲地涨。还真怀念多年以前，几块钱就能买上一串的日子。

二

十七年前，我在采访时无意中认识了一户阳澄湖养蟹人家。户主是渔民老周，六十多岁了，在湖上养蟹近二十年，脸上刻满了阳澄湖的风浪。相处久了，我才知道，蟹味虽美，养蟹其实不易。

老周家在湖中心有一块六十亩左右的水面，周围用围网圈起来。当中有一条大号水泥船，抛锚在水里，那就是老周临时的家。风摇水动，真的是浮宅一所。而老周就像一个酋长，率领的可都是些虾兵蟹将。与外界的交通主要靠一只机动水泥船，平日里生活的柴米油盐全靠它运到湖中。湖上清苦，守着蟹，伴着一台破收音机，往往一住就是许多天。

养螃蟹从开春二三月份就要放蟹苗。刚育出的小蟹只有小蜘蛛那么大，一公斤足有三五百只。把这么小的蟹苗养到四两重，还真不容易。放下三只蟹苗，到秋天能成活一只，那就不错了。不少蟹苗成了青鱼的口粮。养蟹人要每天两次投放玉米等饲料，不同季节要放不同的饲料。养蟹，密度大了不行，水里的氧气少了也不行。水草要有，蓝藻要除。因此，老周基本上一年三季都要吃住在船上。到秋天，晚上还要格外留神，一是怕螃蟹上网逃到外面去，二是担心有人偷螃蟹。

老周在船上，每天晚上都要喝上半瓶白酒，为的是驱寒防湿。他膝盖不好，到冬天老是肿。

三

阳澄湖蟹名气大了，走上了品牌化和产业化之路，大闸蟹也就更加“鱼龙混杂”了。阳澄湖一年出产多少蟹？蟹农们心里都有数。有多少蟹农，多少养蟹的水面，都算得清楚。哪里供得了那么大的市场？

据说苏州现在从事蟹交易的不下万人，他们把苏北蟹、安徽蟹拿过来，在阳澄湖里过过水，就变成了“正宗大闸蟹”，反正外行也吃不出来。更有黑心商人，直接把苏北蟹的肚皮用药水洗洗白，就卖出去了。尽管政府也想了不少办法，激光防伪，戴上“戒指”，但有李逵，就有李鬼，“道高一尺，魔高一丈”，逐利忘义的人太多了。

阳澄湖蟹能成品牌，是因为那里水清草好，无污染。民国时期，有人把蟹分成三六九等。当时四大名中医之一的施今墨，是个典型的老饕。据说他每年秋天都从北京南下行医，第一站就是苏州。他把蟹分为六等，每等又分为上品和下品：一等是湖蟹，以阳澄湖和嘉兴湖的为最好，而苏北邵伯湖和高邮湖产的就差一些了；二等是江蟹，以芜湖蟹为好；三等是河蟹；四等是溪蟹；五等是沟蟹；六等才是海蟹。

四

苏州人吃蟹的讲究早就形成了规矩。比如旧时大户人家吃宴席用的蟹八件，有金银和红木做的多种。苏州人把不会吃螃蟹的人唤作“牛吃蟹”，会吃的人则是吃得又快又干净。吃完了，还能拼出一个完整的蟹形，而且用蟹螯还能拼出蝴蝶来呢。

吃蟹是一种文化。《红楼梦》里中秋蟹宴时，公子小姐们边吃蟹边作诗，真是风雅得很。一向让人觉得世故的宝钗，居然吟出了“眼前道路无经纬，皮里春秋空黑黄”的佳句，让人刮目相看，原来也是才女一枚。

画家丰子恺先生曾经在文章中回忆他父亲吃蟹的情景：一盏灯，一碗老豆腐，还有桌角的一只老猫。父亲一边吃酒，一边读书。天井的缸里养满了蟹，父亲每天晚酌都要吃蟹，消磨黄昏，别有意味。而小孩子在中秋的家宴上也可以分得蟹吃。一只蟹脚要下一大口饭，真香。

五

每次到老周船上去，我都要带上几瓶老酒。

前几年，当地政府把湖中的船都赶到岸上。在巴城、正仪一带形成了几片蟹舫。每到晚上，霓虹灯闪烁，真是螃蟹带来的繁荣。上海、浙江客人络绎不绝，成了阳澄湖独特一景。

肥美的阳澄湖大闸蟹

上次，老周到苏州，我请他喝酒，走时送了他几包蛇油膏，希望能给他治治手裂。喝得酒酣耳热之际，我对他说：“老周，到时候，你不养蟹了，我们就是忘年酒友。”

去秋到昆山喝喜酒，路过巴城，又在老周的船上喝酒。老周真的不养蟹了，在船上帮儿子忙活。说说收成，谈谈蟹价，问问孙子，感慨不已。又一日，小周专门跑过来给我送了一条鱼。我对他说，春节我不在苏州，等回来再去看望老周。我还答应给老周买台功率大的新收音机，让他在船上消除寂寞。

醉翁之意不在酒，阳澄小酌不在蟹。在意的，也许只是那些家伙们脚痒的季节和那份值得记住的友情。

顾曾平 / 绘

花馔

文、图 / 苏眉

暗香

古词人“暗香盈袖”一说，美妙不可方物。暗香，一般多指梅花，出自宋朝诗人林逋《山园小梅》诗：“疏影横斜水清浅，暗香浮动月黄昏。”若入茶调羹，也不知是哪个仙人可以享用的。

《养小录》里载了一款“暗香汤”的做法：“腊月早梅，清晨摘半开花朵，连蒂入瓷瓶。每一两，用炒盐一两洒入。勿用手抄坏，箬叶厚纸密封。入夏取开，先置蜜少许于盏内，加花三四朵，滚水注入，花开如生。充茶，香甚可爱。”

日本人的“桜茶”，即樱花茶，也是用盐制，清水泡开，亦是娇艳淡雅，宛然若生，想来用的也是这个法子。有朋友以梅花入茶焙制的，香气殊胜，名字起得悠远，曰“香如故”，又一盏旧岁梦影。

艳遇

在古籍上看过一款“梅花汤饼”，其实就是将面饼用模子印出梅花状，入汤烧制而成。也有将玉兰花瓣裹了面粉入油锅炸的，想来状若龙虾片。至于味道，也许像日本的天妇罗吧，这是老北京们的吃法。

以花木入馔，早已有之。如今还可以看到食槐花、茉莉花的，已成小众了。

有日在南京火车站，竟然吃到一客茉莉花炒蛋，茉莉花事先腌制过，其型依旧，味道则有点像爽口的泡菜，咸鲜适口，鸡蛋炒得金黄焦香，枯燥旅行中的艳遇，这辈子都忘不掉。

比较风雅的吃法是，厚白蜜涂碗中心，每早晚摘茉莉另盛在一个碗里。将蜜碗盖上，午间取碗注汤，则茉莉花的香气，都留存其间了。

这是民间的一个老法子，古人对于美的理解力、想象力以及执行力，向来很强。

暖粥

《浮生六记》里，三白初识芸娘，“但见满室鲜衣，唯芸通体素淡”，有种缠绵之态。待送亲城外，夜已深。三白腹中饥饿，索食。婢妪给了他枣脯，太甜而无法进食。芸暗牵其袖，引他入内室——原来藏了暖粥与清淡小菜给他。三白欣然举箸。不想被堂兄玉衡撞见，乃笑睨芸曰：“顷我索粥，汝曰‘尽矣’，乃藏此专待汝婿耶？”遂被家人传为笑谈，芸、白大窘，一对美眷，却也因此心下暗结情谊。

芸娘饮食清淡，董小宛也一样，也许天下的美人皆喜清粥小菜。下录两款风雅粥食，以馈美人，当然，怀美之心者，也是欢喜的。

暗香粥

落梅瓣，以绵包之候煮，粥熟下花，再一滚。

木香粥

木香花片，入甘草汤焯过，煮粥熟时入花，再一滚。清芳之至，真仙供也。

袁枚就受不得饭粥粗粝，哪怕诸菜尚可，也是“五脏神暴落难”，禁受不得。他对粥食的要求很高，称：“见水不见米，非粥也；见米不见水，非粥也。必使水米融洽，柔腻如一，而后谓之粥。尹文端公曰：‘宁人等粥，毋粥等人。’”他的吃口，比起美人粥，多了些人间烟火气，周作人说他是富人家的厨子，是有些道理的。

袁枚提的一味鸡豆粥，较为简单。就是将鸡豆磨碎煮粥，“鲜者最佳，陈者亦可，加山药、茯苓尤妙”。鸡豆，也许就是鸡头米，即芡实。又提了一款鸡粥，做法较为烦琐，取肥母鸡一只，“用刀将两脯肉去皮细刮，或用刨刀亦可；只可刮刨，不可斩，斩之便不腻矣。再用余鸡熬汤下之。吃时加细米粉、火腿屑、松子肉，共敲碎放汤内。起锅时放葱姜，浇鸡油，或去渣，或存渣，俱可”。此粥宜于老人。

这和王熙凤那味用十几只鸡来配的腌茄子有得一拼。

上：莲子粥　下：鸡粥

青菜

文、图 / 华迅

苏州人中意的“矮脚青”

豆腐青菜，各有所爱。青菜是苏州人的最爱，一入霜降，苏州人的饭桌上天天不可无此君。苏州人只中意本地大青菜，亦叫“矮脚青”。菜叶碧绿肥厚，菜梗浅绿肉实，中段掐腰，像极毕加索笔下的健硕女子。

冷天洗菜是苦差事，冻得人手发木，不过我极欢喜。青菜掰开，最好用刚吊起的井水，有点暖手，稍微浸一歇。菜梗根部最易藏污，是洗菜重点。美妙就在这个部位，有个蛮深的凹裆，大拇指伸进去，来回轻轻搓揉，会产生莫名快感，这是“矮脚青”特有的。

炒青菜，苏州人叫煸青菜。汰干净就切，最好把菜油烧烫，热油猛火时立马将菜倒进油镬，来回煸一歇，煸得菜稍微有点起皱发软，适量加水入盐，盖镬盖烧到冒热气。闻到菜香，再开盖翻炒，菜梗刀切面一变软、颜色一变深，便可起锅盛碗。家里有隔代长辈的，会先盛出一碗，留少许在镬中再烧一歇，烧透烧酥，方便老人食用。煸青菜有个规矩，镬盖开了就不能再盖上，否则容易烧黄变得“熟汤气”。“熟汤气”就像焐熟茶叶的茶汤，失了鲜碧清香，剩下一股“老人味”。

幸福的家庭相同，煸青菜也一样，前期要在油里煸透，煸就是利用油的高温，逼出些许菜里的水分，使菜的结构里腾出空间。再点入适量冷水续烧，汤汁就会慢慢渗进菜里，菜就容易入味。

煸青菜没有太多花样，归根结底是要保持碧绿生青，比生胚颜色略深，咸淡适中，入口软糯又不失骨子，还要保持肥腴的口感，收口回甘。蔬菜能吃出肥腴，实属难能可贵，所以“矮脚青”难得，菜油同样功不可没。菜油是菜籽油，色泽金黄。有人就喜欢菜油特有的菜籽香和肥厚，精炼后，香、肥和杂质一道被消灭了。

些许区别在于，年轻人欢喜煸青菜生辣点，有嚼头。老年人中意酥烂点，吃得动。稍微欠点火候还不要紧，可以碗里熟借转一点。最忌就是烧过头，成了“黄脸婆”，鲜香变得“熟汤气”。说难听点，像猪食了。

煸青菜是我学烧的第一道菜，十岁左右就会了，所以总觉得饭店烧得不好吃，问题是忒生，煸得辰光不够。厨师不是缺技术，而是缺时间。一只煸青菜占了灶头近五分钟，饭店要关门的。店里烧得好的，都是急火爆炒，像酱爆猪肝之类。当然也有黄焖河鳗这样的苏帮名菜，厨师叫它工夫菜。因为价钿大，点的客人也不多，饭店舍得花工夫。工夫在苏州话里，一层意思指本事，还有一层指辰光。烧工夫菜，既要有本事，又要花辰光。

还有一种，就是吃剩的红烧肉汤烧青菜。这是物资匮乏年代的后遗症。难得吃肉，让吃肉的感觉可以延长点。我最讨厌这种烧法，菜色乌不三白不四，肉汁失了醇厚脂香，青菜丢了微甘清香。宁可香喷喷一碗白米饭，浇上一两匙红烧肉汤，就着煸青菜，肉味菜味，明明白白，红白绿，颜色清清爽爽。

最讨气的是肉汤也没有，冒充荤腥加酱油红烧的青菜。口感容易变酸，简直玷污了青菜的清白，像被破了贞操。现在去吃所谓农家菜，就有这种烧法，这都是穷惹的祸。

苏州大青菜一身清气，洁身自好。最好就是纯粹清煸，不加其他辅料。气质上接近阳澄湖大闸蟹，也接近江南文人的孤傲独立。饭店里供应香菇菜心，是为提价。香菇霸道，粘上它，一盘菜只剩香菇味，青菜的清甘大打折扣。

大青菜自甘孤单，但并不一味孤立，也同气相求，物以类聚。最佳搭档就是本地新米，新米米脂丰富，透出纯粹的米香，悠悠然不绝如缕，像小家碧玉的体香。霜降过后十一月初，本地大青菜和新米配合默契，几乎同时上市，是天造地设的一对。

有经验的主妇开始蠢蠢欲动，跑到横泾等乡下去买新米，趁便带回大青菜。有乡下亲戚的，这时也会收到一袋新米尝新。要做的很简单，新米菜饭。过去的菜饭名副其实，就青菜、新米，条件好的人家，才会放点咸肉，一般切成薄片或长条。先炒青菜，菜切得比平时稍小一点，油稍多一点，烧烫，下菜，简单炒，比煸缩短近半时间，再加足水，加盐加米，下来就和烧饭一样，最后烘饭是关键，时间要比平常长一点，待结出锅巴。

菜饭盛到碗里，菜米混合的清香迎面而来，香得干净得体，感觉像走在竹林。挑一小坨熟猪油，拌进菜饭里，马上画龙点睛——脂香扑鼻。单纯素味复合出滋味，仿佛少女变成少妇，有厚度了。家里那时都必备点熟猪油，装进带盖的狮子缸，吃

好的菜饭，菜绿饭白

面、冲酱油汤用得着。好的菜饭，菜绿饭白，清、香、肥俱全。菜黄了，吃口就麸渣渣，接近于“人老珠黄”。

菜饭吃法朴素，饭菜合一，基本不再备其他菜。有样蛮好的配角，就是平望辣酱，在菜饭上来一小勺，“万绿丛中一点红”，好看又开胃，一碗菜饭就“纲举目张”了。

勿要小看一碗菜饭，二十世纪七十年代在苏州太监弄，那时叫青年路，有爿苏州菜饭店，就在松鹤楼对面，专卖菜饭，不做别样，一角钱加半斤粮票，就能买一大碗，价廉物美，生意好得热昏，顾客蛮多是乡下进城的农民，在那里吃一碗菜饭，也算在观前街饭店里吃过饭了。

除了自己当主角，青菜一般只和主食轧道，替主食当配角。除了菜饭，还有青菜烂糊面、青菜瘪嘴团、青菜面川条。

有种例外，用青菜做馅时，要和其他食材轧道。苏州人喜欢吃馄饨，以前家里基本不包纯鲜肉的，馅心离不开青菜——青菜鲜肉、青菜香干、青菜油条、青菜木耳，花样百出。

青菜开水余烫后，剁得很细，还要挤出菜汁，再拌其他配料。因为馄饨皮薄，馅心不能太烂，否则会穿脱。南方馄饨一般都带汤吃，馅心偏干是原因之一。北方饺子正好相反，皮厚劲道，馅要粗点烂点，有时还要兑点水，里面吃得出汤汁，所以蘸醋干吃。这是题外话。

苏州大青菜就像地方粮票、方言评弹，与外地青菜没有可比性。有苏州人到上海出差，吃饭点份青菜，端上来一盘上海青菜。苏州人就说，这个也叫青菜？明显营养不良，拿青菜的“台也坍忒哉”。

苏州人对外地青菜都看不入眼，这算不算偏见？个人口味即偏好，妈妈是“始作俑者”，往往和当地独特的日常食材共谋。长大后，偏好绝对化，就成了偏见。如果承认口味有偏见，争论对立观点时，成年人就不必说服对方。个人口味是随身的家，口味偏见是每人安身立命的精神故乡。

冬藏

文 / 和果子 图 / 于祥

顾曾平 / 绘

大雪时节，忽然想寻一只瓦缸，那种最粗鄙的陶土烧制出来的，不需釉彩，不需图绘，最本色的瓦缸。脸盆般大小，到小腿肚高，就够了。

起因是在菜场上看到了满目的香肠腊串。红彤彤、油光光，一挂一挂如张灯结彩，用喜庆的形式炫耀着一种满足。吸引我的不是它们的味道，而是它们勾起了我对那些深藏家族印记的年味儿的追忆。

瓦缸为了腌鱼用。这是门手艺，虽然并没有尝试过，但是我想一试。

一

江南人家都有腌货的传统。小时候，每进腊月，就看到四邻左右开始行动了。以年长的女人为首，中年的、青年的打下手。先是洗瓦缸陶瓮、竹匾木桶、瓶瓶罐罐，然后烫好了陈列在院子里或大门口晾晒，要狠狠地经过一两个大太阳后才可以进入下一步程序。

早晨上学的时候，还看到几个女人各坐着一张纺织厂里的木轴做的小圆凳，成捆的雪里蕻堆在脚下细细地挑拣。也可以看见女人们蹲在井台上或是河埠边，弯腰躬身仔细地清洗一篮子一篮子的萝卜或雪里蕻。萝卜珠圆玉润，泡在水里，倔强地浮起，徒劳地挣扎，白得像瓷器。雪里蕻却青翠欲滴，茎叶蓬松，精神抖擞，给冬天添了一道生机。洗干净的雪里蕻滴着水，很快就会被挂上竹竿。

下午放学回来，它们已经在太阳下蔫头蔫脑、萎靡不振了。萝卜更悲惨，中午时分往往已经被“碎尸万段”，不是切成条就是切成片。白花花地摊在三五只竹匾里，经过时还可以闻到生辛的气味。小巷悠长，日影流动，一会儿就拐到了房梁后面，门口的竹匾追着太阳的光和热而被不断变换着位置。

二

记忆中我家只做过一次腌雪里蕻。那个年代，幽深的老宅里只剩下两个孤独的老人和一个被寄养的孩子。不是祖母懒笨，而是没有劳力，老人也没有太多的物质欲

洗干净的雪里蕻滴着水，很快就会被晾干

望。可是孩子对邻居们晒在门口的腌菜充满了羡慕。

正好那年表姐回来过年，家里于是多了些生气，也有了帮手。祖母就和表姐两个洗刷了瓦缸、木盆，买回了成捆的雪里蕻。学龄前的我并不关注那些操作，只清楚记得祖母用长着冻疮、已经皴裂的手，抓了粗粝的盐在木盆里反复搓揉，直到揉出墨绿的汁水。一双手却因为寒冷的咸水的浸泡，变得特别的红亮。揉一会儿，她会抬起手背吹吹那些裂口，然后继续把那些已经变得软塌塌的茎叶像拧毛巾一样拧干，一层层码放进大瓦缸，再撒盐，再码，直到压上一只石墩。

那缸不含色素、添加剂的雪里蕻，是我记忆里吃到的最鲜美的腌菜，一次便已永恒。那是因为祖母的手艺，还是因为混合了她手上皴裂流出的血珠？我分不清楚。

三

母亲是二十世纪六十年代初的大学生，一毕业就去了祖国最需要的地方。那里没有青翠的雪里蕻，我们也不爱吃萝卜。于是她在遥远的三湘之地，在没有老人的指导下，自己练就了一手腌鱼、灌香肠、炒肉松、做团子、包饺子、腌咸蛋的好手艺。家里也因此多了一批瓷的、瓦的、陶的，不同质地、不同大小、不同用处的容器。那都是母亲的爱物。哪怕平时积了厚厚的油垢灰土，到了时节，它们也一定会被翻寻出来，洗得干干净净，如圣器般收藏经过时间转化的荤腥。

即便后来全家迁回故乡，那些瓮罐坛子，也躺进木箱，栖身于厚厚的草绳和报纸中，不顾关山千重，冒着粉身碎骨的危险，顽强地一路追随到了江南天堂。此后，母亲继续用这些家什坚守着一份传统和心意。

二十年前，还在读书的我，还没来得

及继承她的手艺，母亲就因为意外去世了。那些家什被堆到了阳台的旮旯里，从此不见天日。它们沉默地隐忍着，逐渐淡出我们的生活。开始重新装修的时候，它们的末日到了。因为长年的遗忘，风化的裂纹爬上了它们老朽的身体，残存几只，粗笨喑哑，在现代的厨房里那么格格不入。它们就像固执的遗老一样，终于被这个光怪陆离的时代抛弃了。

四

老宅早已被拆，亲人也一个个离我而去，可以承载故乡记忆的东西越来越难见。我又想起了祖母的雪里蕻，想起了母亲的腌鱼干。越近年关，它们越是强烈地提醒着我对亲人的思念。

于是，每年大年夜前夕，不管多忙，我一定要自己动手做几盘金黄的蛋饺——那是苏州人口中的“金元宝”，一定要皮厚馅少，才合我们全家的口味；再做一锅苏式熏鱼——大青鱼宰杀干净后，沿着脊梁骨劈成两半，剁了头尾，再摸着骨缝切成一厘米的段，撒点盐揉揉，熬一锅用姜末、老抽、砂糖、白酒、葱花等合成的卤汁，旺火大油炸鱼块，把炸得金黄的鱼块沁到卤汁中，吱吱作响。吸饱了卤汁的熏鱼里混合了苏州人最爱的鲜甜，可以吃上一个春节。

还要做一碗油炸肉丸子。剁得细细的肉馅里还要掺些蛋清、面包粉才会酥嫩，和蛋饺一起，用鸡汤煨了，再加上冬笋、火腿、菠菜之类，哦，千万不能少了“银链条”——粉丝。这样一锅寄予了种种美好的“合家欢”，鲜香、清淡却热烈醇厚，一碗下肚，热乎乎地熨帖着五脏六腑。

这些年味，如今随时可以在菜场、超市里找到，不需要再亲力亲为，耗时费力。可是今年，除此之外，我还自己动手腌了鱼。

我最终还是没有找到一只适意的瓦缸。遍寻不得后只能以一只搪瓷脸盆替代。但是比母亲幸运的是，遇到困难，我可以上网找答案。第一次试手的鱼干已经在阳台上风干，在阳光下闪耀出半透明的玫瑰色。其实，味道好坏并不重要。重要的是通过它们，可以寻找些久远的回忆，重建起与故乡、故人的联系。

仅此而已。

银鱼的传说

文／唐亮

顾曾平／绘

银鱼是太湖三白之一。《太湖备考》记载，吴越春秋时太湖就盛产银鱼了。春暖花开和丹桂飘香的季节都是银鱼上市的时候。

银鱼之所以受欢迎，除了它形如玉簪、细嫩透明、鲜嫩味美外，其营养价值也极高。或煎或炒，或羹或汤，总成佳肴。清代康熙年间，银鱼曾被列为贡品。银鱼看似都差不多，但也有不同的品种：大银鱼、雷氏银鱼、太湖短吻银鱼和寡齿短吻银鱼，而以后两种为上品。

最让人感兴趣的，是围绕银鱼，有很多美丽的传说。这些传说使银鱼与人物的命运和爱情、人类的历史息息相关，形成了独特的文化。人们在品尝鲜美的银鱼同时，也在品味人间的忧伤，甚至悲情。

孟姜女的传说

银鱼与孟姜女的传说是流传最广的，而且有多个版本。这里选取两个版本。

在第一个版本中，孟姜女的肉身化为了银鱼。因为孟姜女的皮肤是洁白的，所以每次吃银鱼时，都有些不忍下口。

传说，孟姜女的丈夫杞梁被秦始皇征为民夫，去修筑长城。春去秋来，花落花开。孟姜女望眼欲穿，仍不见丈夫归来。

又是一个朔风凛冽的寒冬降临，孟姜女打点好缝制的棉衣，准备去探望杞梁，正遇上秦始皇南巡来到太湖。孟姜女跪在皇上的坐骑前恳求开恩，赦回杞梁。秦始皇铁石心肠，说她丈夫早就死了，命令士兵轰走这个拦道的乡姑。当孟姜女被官兵强行拖走时，秦始皇突然一惊，民间竟有如此美貌女子！他随即吩咐州官把她送进宫去，要孟姜女答应做他的嫔妃。

孟姜女抵死不从，但身陷虎穴，难以解脱。于是心生一计，向秦始皇提出三个条件：一要皇上亲临她江南家乡为杞梁做一个坟；二要造座大桥；三要披麻出丧，御驾亲祭，百官吊奠，了却夫妻之情。秦始皇满口答应，立刻传旨照办。

到了御祭这一天，杞梁坟前站满了文武大臣和地方官员。日近中午，秦始皇亲自点烛焚香，执壶献酒，祭祀起来。孟姜女素衣素裙，浑身雪白如银，在坟旁哀哀恸哭。方圆几十里内人人闻声落泪，个个咒骂昏君无道。

大约一个多时辰，眼见御祭快要结束，孟姜女已哭得死去活来，天昏地暗。此时，州官催她上船。孟姜女猛地挣脱了强人之手，跑到大桥当中，纵身跳进了奔腾咆哮的湖水。

秦始皇意识到中了孟姜女的计，连忙命令船夫打捞。霎时，孟姜女身上的白衣、白带、白绫，连同肉体，已化成千千万万条银鱼，游向五湖……

在第二个版本中，是祭奠孟姜女的面条化为了银鱼。

孟姜女万里寻夫送寒衣，走到浒墅关，实在走不动了，来到河边捧水解渴。因为又饿又累，她一阵晕眩，倒在了河滩上。这时，恰好有一只小网船驶近，船上母女俩便把不省人事的孟姜女救上了船。

姑娘随手从船艄上小竹丝篮里抓了一把卖剩的虾，放进锅里烧成虾汤，又拿面粉打成两寸来长的面条，煮了满满一大碗虾汤面。孟姜女醒来后又饥又渴，一碗虾汤面吃得连一滴汤也不剩。母女闻说孟姜女的情况很是同情。于是，姑娘和孟姜女结拜为姐妹。

孟姜女在母女俩热情挽留下住了两夜。分手那天，小网船向北送了一程又一程。母女俩再三叮咛：待寻到杞梁后，要走原路回来，我俩不是在太湖口沙墩港捉鱼，就是在望亭卖鱼。孟姜女谢过好心母女，上岸继续赶路。

时光如流水，母女俩却始终不见孟姜女回来。后来传来消息，孟姜女由于哭坍了长城，也被处死在长城脚下。母女俩十分悲痛，想起孟姜女喜欢吃虾汤面条，于是下了虾汤面供在船头。香烛燃完，母女俩按照船家习俗，将这碗面条倒入了太湖。

说来奇怪，面条倒入湖里后，风平浪静的水面竟起了风浪。等到风浪小了，却见两寸来长的雪白面条，竟会在水面上泅动。母女定睛细看，面条变成了细长银白的鱼，围着船头转。姑娘问娘，怎么会有这样稀奇的事发生了呢？娘说：“这是孟姜女显灵啊！她也挂念我们，来看望我们娘俩了。”

因为这小鱼白得像银子，人们便称之为银鱼。又因为它是面条变的，所以在苏州部分地区和无锡一带，人们也叫它为面条鱼。

西施的传说

银鱼与西施的传说也非常凄美。传说中，银鱼或是西施眼泪幻化成的，或是西施的肉身变成的，与孟姜女的传说有着相似之处，总之银鱼与美女相联系，有点秀色可餐的味道。

相传春秋战国时期，吴王阖闾在与越国打仗时负伤而亡，临死时要他儿子夫差一定要替父报仇。夫差即位后，在伍子胥、孙武等人辅佐下，一举打败了越国水军，活捉了越王勾践，将勾践囚在吴国养马。

相传越国把美如天仙、能歌善舞的西施送给吴王夫差做妃子。西施很快得到了吴王的宠爱，于是吴王大兴土木，在灵岩山造馆娃宫，在西山消夏湾造避暑行宫，整日沉迷歌舞酒色，不问国事。

西施身负复国重任，一面要迷惑吴王，一面要离间吴国君臣，虽然是锦衣玉食，实际上却是度日如年。

石公山东、太湖之滨有个明月坡，是个赏月的好地方，西施经常在夜里一个人在此赏月。眼望明月当空，西施就会想起家乡的亲人和自己的心上人范蠡。眼泪就顺着脸颊流下，落在太湖水中。

美人的眼泪在太湖中吸取了日月的精华，久而久之，就变成了一条条冰清玉洁的太湖银鱼。

还有一种传说，说西施在越国灭吴国后，被越王勾践看中。越王的夫人为了使自己的地位不受威胁，将西施身缚石块沉入太湖中。西施死后，身体便化成了千万条太湖银鱼。

桑姑娘的传说

银鱼与桑姑娘的传说，是比较圆满的。银鱼是由蚕变成的，而且银鱼掀起的白浪，让作恶者受到了惩罚。这样的银鱼让食用者也会增添力量的，这倒是银鱼给人的另一种功能了。

相传在远古时代，无锡在太湖边有个杨湾，素有九里十八湾之称。它南连三万六千顷太湖，北接千亩桑田。这桑园主人因脸上长着四颗豌豆大的麻子，故人们送给他一个“四麻子”的绰号。四麻子为人奸刁，无恶不作，没有哪一个姑娘肯嫁给他，所以到了三十多岁还是光棍一个。

在他家众多的桑农中要数李甲、金妹夫妇俩最忠厚老实，他们只有一个叫桑珠的独生女儿。桑珠长到十五六岁时就已亭亭玉立、容貌超群，采桑养蚕更是巧手一双，乡邻称她为桑姑娘。

有一天，四麻子到桑田里游荡，一双贼眼突然看见了正在采桑叶的桑姑娘，不由垂涎三尺，决定要想办法娶她做老婆。他马上回了家，当夜就叫媒婆带着彩礼到桑珠家说媒，但被一口回绝。

四麻子恼羞成怒。传话过来，不许李甲一家采桑！蚕儿没桑叶吃会饿死的，父女俩只得驾起乌篷船向湖对岸湖州的阿姨家求援。

第二天早晨，李甲父女借了桑叶归来。乌篷船刚靠上岸，就看见乡亲们在岸边唉声叹气。原来四麻子趁李甲父女借桑叶之际，带领五六个家丁直奔李甲家，将几十匾的蚕儿都倒进了太湖。

李甲父女又气又急。桑珠奔到湖边，从水中捧起蚕儿，心头一酸，扑簌簌的眼泪像珍珠般掉进湖里。说来也奇，只见一条条蚕儿扭着扭着，竟渐渐变成了一尾尾银色的鱼在游动！

正在此时，湖上驶来一只彩船。原来是四麻子带着狗腿子准备强抢桑姑娘与之成亲。桑珠见状气得牙齿咯咯响，她用手把大黑辫往脑后一甩准备投湖自尽。在这千钧一发之际，一条黑龙从天而降。龙尾一扫，便把彩船扫翻。

此时，成千上万条小银鱼齐心协力游动起来，湖面顿时白浪滚滚。一会儿工夫就将彩船、四麻子以及狗腿子们翻卷到湖底去了。从此以后，太湖里就有了许许多多雪白晶莹的银鱼。

银鱼的传说很迷人。它寄托了人们的情感，它成为一种文化的存在。从中，人们不难感悟到对爱的忠贞、对美的追求和对恶的惩处。因此，银鱼吃在嘴里，回味无穷。

顾曾平／绘

“馋宗大师”沈宏非

“馋宗大师”试吃四章
——沈宏非小记

文 / 朱文颖 图 / 于祥

第一次见到沈宏非，是在多年前的一个初夏。也就是个普通饭局，中途去的。七八个人，大半并不相识，菜也是家常菜。慢慢地吃，淡淡地聊。吃到小半，突然注意到对面坐着那人身板宽厚，颇有异相，还略略面熟。悄悄打听一下，竟然是天下第一吃货——人称“馋宗大师”的沈宏非先生。

江南才子能不能胖

于美食，我并无多少专业知识。坐在“江湖地位”如此隆重的美食家旁边，内心未免忐忑。

几个回合下来，略略有些熟了，沈爷突然沉下脸告诉我，他看过几年前《纵横中国》中关于苏州的那期节目。他说，我记得你，就是因为你说了那句话。我说，我讲什么啦？沈宏非很严肃地说：“你讲江南才子不能胖。”

那次，凤凰卫视的《纵横中国》栏目组来苏州做节目，我糊里糊涂地当了回嘉宾。主持人是帅气的名嘴胡一虎。录制过半的时候，他突然问了这样一个问题，他说，他经常会在节目中引用一个词：“江南才子”，可是到底什么是江南才子？

我记得当时总结了五点，其中第一点就是，江南才子，长得起码要过得去，玉树临风，不能太胖。

节目播出以后，我接到好几个朋友的电话，话题竟然惊人的统一：“为什么呢？为什么才子就不能胖呢？”打电话来的，大都是些才子，倒不一定是江南的，但或许都对自己的体态稍稍有些怀疑。

平心而论，沈宏非的体态还是略有些丰腴的，但丰腴得如此有高人气、仙人气的却也并不多见。所以我很认真地对他说，关于江南才子不能胖这个结论，我下得仓促了，有欠周全的考虑。

沈爷沉吟了一下，也很认真地回答我说：算了算了，我已经原谅你了。

馋和吃是可以分开的

每逢春暖花开，或者蟹肥菊黄，总不时能够见到沈宏非。夏天太热，冬天太冷，见沈爷都不是好时候。当然也有例外，藏书羊肉一朝上市，沈爷也会突然忘却寒冷，临幸苏州。而初秋常常是沈爷频频来苏的日子——肉月饼与鸡头米（芡实），于沈爷，那是勾魂的两大尤物。

每个人都与世界达成一个秘密契约。有人是形，有人是音，有人是虚无……于沈宏非，那个秘密或许就位于舌尖的那一部分吧。倘若真正和沈宏非论起美食来，他的与众不同之处便立刻显现出来。

一般的美食家，多半津津乐道于吃的细节：昨天吃了什么，今天要吃什么，明天又想吃什么；然后再教你如何吃，这样是对的，那样就有些“洋盘”了。沈爷绝不如此。他当然也谈吃，但绝不做权威状。他说他不坐飞机，能去的地方非常有限，所以谈的美食也非常有限。

沈爷在上海、广州长期生活过，问他如何评价这两地美食？他也就淡淡答：广州菜清淡些，上海菜偏甜偏咸。至于哪种更喜欢——于沈爷，那几乎是个愚蠢的问题，因为“淡和咸都是相辅相成的，没有淡就没有咸，没有咸也没有淡，不能一直都吃淡的，也不能一直都吃咸的”。

话说至此，已经很明白了。如果再做一些粗浅的追问，比如说推广菜式、评论菜系之类的，就难怪人家沈爷要有些看不起你，“我不推广我也不推荐，我爱吃什么，都是我个人的事情。我们中国人说，众口难调，不能把自己爱吃的东西强加到别人头上去”。

沈宏非生于1962年，原名沈宏菲，据说“菲”字是其爷爷的创意，这个字语带双关，既记录二十世纪六十年代初期的食物贫瘠，又憧憬着食品供应定有繁荣的一天。用沈宏非特有的口吻来说，有一点“挑战与机遇并存”的意思。

而沈宏非与美食真正的关系，据我猜想，大致有三。

其一，此人确实馋。所以吃这样东西，于他，就不仅仅是吃饱这么简单。

其二，尽管声名在外，但沈爷其实很不喜欢别人就事论事和他谈吃。潜意识里，一定认为这种事降低了他的智商。

其三，馋和谈吃，在沈爷来说，可以是截然分开的。有点像前些年我们热衷于谈论的肉体、精神之类的事情。

不害怕真相

中国文化里，食与色，通常放在一起。讲食坦荡，论色则往往晦涩一些。但沈宏非对这事，又开始独辟蹊径了。

首先是其审美。有一次，几个朋友一起聊天，论到女人与性感这一话题。沈爷的回答最为独特。他冷冷地、坚定地说：“女人纤细的手腕、锁骨和脚踝是最性感的。”

沈爷女人缘好。这是公论。好几次在饭店门口跟沈爷告别，路边走过的漂亮女孩会突然停住，怯怯地问：“是沈老师吗？”好几次，认出沈爷的漂亮女孩拉着他合影，她们总是一边凑近沈爷，一边顺手把手机递给我，绵柔的话语和香水味一起飘过来：“你帮我们照张相，好吗？”

沈爷在一些报刊开美食专栏，这是大家都知道的。沈爷在另一些报刊开情感问答专栏，知道的人应该也不少。然而，此情感问答非彼情感问答，如果痴男怨女们梦想去沈爷处寻找些泪点或者安慰，那么结局只有两个：冷嘲热讽，让你呆掉；当头棒喝，让你昏掉。沈爷可不会菩萨心肠地陪着你淌几滴眼泪。即使要淌，他也明确告诉你“那是鳄鱼的眼泪”，他会说“事情会变得更坏”。

每到冬天沈宏非都会来苏州饕餮羊肉

沈爷的好处之一，是他不害怕真相。上海人有时候说人“吃相难看”，沈爷和真相的关系基本就是吃相难看的关系。人家情人节微信圈里晒玫瑰，沈爷则晒出一只猪头，他自己躲在猪头后面，一脸坏笑。

世界上的真相总是简单的，纠结的只是个体。沈爷只负责前半部分，把血淋淋或者“臭烘烘”的真相提出来给你看。

沈宏非说话，每句都讲得清清楚楚。比如，你问他：“传说中的满汉全席还有昂贵的鱼子酱，你都吃过吗？”他清清楚楚地回答：“满汉全席我没吃过，鱼子酱我吃过，鱼子酱其实并不是很贵。”他甚至会把“鱼子酱其实并不是很贵”这种事情也清楚地告诉你，把他“非常喜欢吃路边摊”这种事情也明明白白地告诉你。

我们能看到的，绝大部分的时候，是那个清清楚楚、不畏不惧的沈宏非。就像有一次，很久不见沈爷，饭后聊天喝茶，他突然想起了什么，劈头就冲我一句：“现在，你还写那些谁都看不懂的东西吗？”

我一怔，好像觉得被触到痛处，有麻

辣的感觉。事隔多年，这也算是对“江南才子不能胖”一说的有力还击吧。

麻辣之外的微妙

其实私下里，我一直觉得，沈爷应该是个轻微的忧郁症患者。

一天，有事和沈爷商量，微信上留了言。许久，他不咸不淡地回了句。我用打趣的语调追问他。他一本正经地再答：“心情不好，请原谅。”于是就知道那是真的心情不好，便识趣地闭嘴，等他缓过来。

时间长了，发现这种“心情不好”的时刻，其实于沈爷还真是不少。以至于有一次，无意中看到朋友这样一段文字——“人啊，长了颗《红楼梦》的心，却生活在《水浒》的世界；想交些《三国》里的桃园弟兄，却总遇到些《西游记》里的妖魔鬼怪！”心里一惊，无端地想起沈爷来。

后来远远近近几次见沈爷，虽然不敢“活捉”他细细询问，但无论怎么看，都觉得他越看越是一个心宽体胖的才子。于是再次识趣地闭嘴，知道世间万物各有纠结，有些时候，甚至纠结亦是智慧，我等凡俗，唯以沉默为敬畏吧。

有几件小事，足以表现沈爷麻辣之外的微妙之处。

有一次，他翻看杂志上一个朋友的照片，突然非常严肃地告诉我们：他的运势快到鼻子那里了，有个小劫。他相当地信命，在大而茫然的事物面前，沈爷小心谨慎，丝毫都不麻辣。他会仔细地询问新认识的朋友，关于你的星座、血型、上升星座。他关心五行与穿衣颜色的配合诸如此类的细节。他还曾经因为有个场合必须与一个他认为气息有问题的新友同桌，而刻意不坐邻座，并且从头到尾一言不发……

立秋那日，我颇有些酸溜溜地截了两张图，写了段文字，在微信上贴出来：“‘立秋’二字，区别凉热，指示规律，它年复一年地告诉我们这些愚钝的后人——天道有序，一切都在更大的掌握之中。”

正在自我悲悯与感动时，忽见沈爷迤迤然贴出一窝小猫的照片，连并简单八个字：“猫生七子，皆名立秋。”

心中肃然，顿时无语。

金庸与苏州美食

文 / 顾斌

金庸在松鹤楼品尝美食 / 图片由苏州松鹤楼提供

“你瞧这些白云聚了又散，散了又聚，人生离合，亦复如斯。”——《神雕侠侣》

2018 年 10 月 30 日，金庸去世，享年 94 岁。

金庸漫像 赵曙合 / 绘

喜爱金庸武侠的人一定都会认同，金庸是个杰出的美食家。金庸对品赏美食有着足够的热情并且精于美食之道，还与苏州美食有着密切关联。

金庸的老家在浙江海宁，离苏州很近，他的祖母也是苏州人。1946年，金庸辞去《东南日报》的工作，在东吴大学（今苏州大学）上海校区法学院国际法专业学习，对苏州可说是非常了解。吴侬软语、姑苏美食因而常见于他的作品。

武侠世界两吃货

金庸小说里直接写到苏州美食的是《天龙八部》。段誉初到江南时，就是在姑苏燕子坞听到了好听的苏州话，吃到了可口的苏州菜。尽管对于苏州人来说，阿朱、阿碧调制的不过是几味家常小食而已。

金庸笔下，“吃货”众多。第一“吃货”非洪七公莫属。洪七公几乎吃成了精，晚年成功跻身一流美食家兼烹饪家行列。黄蓉贿赂洪七公的菜以江浙菜系为主，讲求清淡味鲜，用料以各类河鲜和各种菇、笋、肉、蔬及豆制品为主。“玉笛谁家听落梅”“好逑汤”“二十四桥明月夜”，这几道菜之所以给读者留下了很深的印象，一方面是其制作工艺的精细与材料取舍的出人意料让人咋舌，另一方面是菜名非常艺术化。想来，金大侠平素一定是有很多饭局的，遍尝天下美食打群架，综合各家所长，独创新招，使看客垂涎纸上……

金庸笔下，第一会做菜的女主角是黄蓉。《射雕英雄传》第六回中，黄姑娘初试身手：用峨眉钢刺剖了公鸡肚子，将内脏洗剥干净，却不拔毛，用水和了一团泥裹在鸡外，生火烤了起来。烤了一会，泥中透出甜香，待湿泥干透，剥去干泥，鸡毛随泥而落，鸡肉白嫩，浓香扑鼻。熟悉苏州美食的“吃货”一看便知，这是叫花鸡，苏州名菜。

金庸为松鹤楼题词 / 图片由苏州松鹤楼提供

凡是讲到吃的地方，金庸都毫不马虎，什么场合吃什么、怎么吃，从塞北荒原到烟雨江南，江湖世界中“活色生香”、多姿多彩的美食，滋养着每一位大侠的身体与心灵，穿越千年时光呈现在读者面前，令人叹为观止。就连以经常骂人著称的孔庆东也一反常态：“金庸写烹饪、写菜肴的本事，已然超过了《红楼梦》。《红楼梦》里是没有这种境界的，它只不过写那些菜做得如何豪奢，如何难得……但是，没有写出这样精彩的文化境界。”

帝丐结义松鹤楼

人在江湖，出入客栈饭馆，打尖住店是常有的事。除了江湖饮食，金庸小说中还时常涉及饭馆、酒楼。松鹤楼便是其中之一。

松鹤楼，200多岁，年纪很大，名气蛮响。提起松鹤楼，苏州人脑子里会马上蹦出来四个字：乾隆始创。也就是说，早在乾隆皇帝的时候，松鹤楼就有了。确切地说，松鹤楼开业那年，是乾隆二十二年（1757）。作为故事场景，松鹤楼也出现在了金庸的武侠小说中：

段誉信步而行，突然间闻到一股香气，乃是焦糖、酱油混着熟肉的气味。他大半天没吃东西了，划了这几个时辰的船，早已甚是饥饿，当下循着香气寻去，转了一个弯，只见老大一座酒楼当街而立，金字招牌上写着“松鹤楼”三个大字。招牌年深月久，被烟熏成一团漆黑，三个金字却闪烁发光，阵阵酒香肉气从酒楼中喷出来，厨子刀勺声和跑堂吆喝声响成一片……

《天龙八部》中提到，乔峰、段誉相识在一家酒楼，斗酒结义，这家酒楼的名字就叫“松鹤楼”。“松鹤楼”是段誉和乔峰相识结拜的地方。大理段家在过去与丐帮或者没有太多的关联，但从两人结交的一刻开始，一南一北，一帝一丐，出自两个极端，仿如平行线的两个人、两个派系，终于连成一线。

可能是松鹤楼名声在外，金庸早有耳闻，在《天龙八部》里，松鹤楼多次被提到。但那个时候的金庸，从未去过松鹤楼。

直到 2007 年，八十多岁的金庸才第一次踏进了苏州松鹤楼。在品赏苏帮菜肴的同时，他终于知道，自己当年在写《天龙八部》的时候犯了一个“常识错误”：错将苏州松鹤楼安到了无锡。来了苏州，金庸方知松鹤楼在苏州不在无锡。

移花接木碧螺春

松鹤楼建于清代乾隆年间，《天龙八部》的时代背景则是北宋年间，且那段故事中的“松鹤楼”地处无锡。小说作品当中，采用“移花接木”手法也是常有的事，把后世出现的事物名称安在前朝，并不为过。

例如，《天龙八部》中段誉在苏州燕子坞还喝到了六百年后才出现的碧螺春。燕子坞是虚构的地名，不消多言。碧螺春，原名“吓煞人香”，自古就是茶中珍品，传说已有一千三百多年的采制历史。清康熙三十八年（1699），康熙南巡到太湖，巡抚以此茶进呈，康熙皇帝觉得这个名字太俗，才把“吓煞人香”改成“碧螺春”。段誉喝的应该是“吓煞人香”，当时绝不会有“碧螺春”这个称呼的。阿朱、阿碧为段誉泡了碧螺春，书中随后对该茶得名一事有所交代。

《射雕英雄传》中，在陆冠英聚太湖群盗一节中，还提到金头鳌为莫厘峰寨主。莫厘峰，太湖洞庭东山主峰，也就是碧螺春茶叶的原产地。由此可见金庸的博学与严谨以及在小说创作中的一丝不苟。而电视剧《水浒传》中，王婆称其茶为碧螺春，则是编导的大失误了。

但是，如果有人说松鹤楼在无锡，苏州人肯定不“买账”，是要向对方提出强烈抗议的：松鹤楼土生土长在苏州，这些年虽然在外地开了不少分店，但也都集中在北京、上海和南京三个地方，跟隔壁乡邻无锡浑身不搭界的好不好。幸好，这是金庸无意中弄错的，况且又是出现在《天龙八部》这部精彩作品中。于是，向来“好说闲话”的苏州人也就不计较了。

金庸光临松鹤楼给在场的苏州人留下了深刻印象。老人家盛赞素包子的美味，等不及再叫一份，便将邻座的那份也一并吃了，当真一等“吃货”也。

收藏大师王己千

藏家王己千

文、图 / 金凯帆

名门之后

任何一位评论二十世纪下半叶中国绘画艺术发展史的人，都不能不提到他。1907 年 2 月出生于苏州的王己千，原名季铨、季迁。他自谦“别人学十次就会的东西，我要学一千次，因我的天资没有别人高”。这位王鏊第十四代嫡孙，其家族于十七世纪从东洞庭湖迁往苏州，实为显宦世家、书香门第。

王己千祖父的亲戚顾文彬是过云楼主人（所以王己千给自己的书斋题名为“怀云楼”），顾文彬的孙子顾麟士（鹤逸）是王己千的表舅，过云楼就是王己千童年的乐园——他跟着表舅在过云楼学画写字。苏州是裱画重镇，裱画店也成为王己千最常光顾的地方，那里可以发现许多古画，还有近距离接触大家的机会，王己千能成为吴湖帆大弟子的起缘也发生在裱画店里。

拜师名家

王己千中学毕业后，负笈上海，在东吴大学法律系就读。他说：“我不喜欢法律，家里因为是在政界做事情，母亲希望我继续在政界做事情，哪知道因为学法律，上午是不用念书的，一直要到下午五点钟才念书。我就用一个上午、大半个下午画画，所以我读么读法律，却是在画画。”

法律系毕业后，王己千没有遵从父母

的安排，做了两年律师后，便彻底把绘画作为自己的终身职业。做出这个选择，是因为吴湖帆。“当时，上海著名的书画铺‘集宝斋’经常请吴先生为他们鉴定古书画，因此我有了更多的机会赏览市场流通的名画。”1953年，北京故宫的藏品因战火南迁上海，吴湖帆等十一位专家学者受命开始在上海鉴别审阅故宫藏画，因吴湖帆举荐，王己千也参与了这项工作，此时他仅二十八岁，他说：“数年间，获观名人书画数以万计。”

如果说吴湖帆是引导王己千收藏鉴定中国字画的恩师，张大千则是王己千的至交。他收藏的那幅董源《溪岸图》就是从张大千手上转来的。它原是张大千的珍宝之一。1953年，张大千想出卖此画，询问王己千的意愿。王己千几经考虑，决定用十二张近代画作来交换，于是《溪岸图》到了王己千的手上，王己千也就从“怀云楼”“迁居”到了“溪岸草堂”。

出国淘宝

1947年，刘海粟鼓励王己千和其妻子郑元素去美国研究西方油画艺术。彼时，王己千家藏已颇丰。但他认为，真正的收集是从他出国以后开始的。

那时正值第二次世界大战结束，民生凋敝。中国字画文物，很多流散于各国古董商之手。由于识者不多，王己千每次看中的，只要能力所及，无不尽量收购。这其中就有五代的《唐宫乞巧图》等。

“因为我看笔墨的，笔墨研究得深了，人家不懂，我比人家懂了，我就占了便宜。”几十年下来，一批流落海外的中国字画精品逐渐都到了王己千的手上。1999年的纽约佳士得拍卖会上，已是九十三岁的王己千竟还斥巨资143.25万美元购进了宋代郭熙的《秋山行旅图》。

在王己千的收藏之中，传世孤品为数不少。如《朝元仙仗图》（绢本墨笔），为北宋时期继唐吴道子之后又一位杰出宗教人物画家武宗元的传世之作，是标准的北宋高头大本卷。作为北宋年间道观壁画小样，作品描绘了道教传说中的八十七位神仙同去朝谒元始天尊的盛况。由于保存得法，绢色犹新。画作本身价值连城，在美术史上的学术研究价值，也是非同一般。

上：宋武宗元《朝元仙仗图》（部分） 下：王己千的绘画作品

王己千在纽约溪岸草堂高兴地接受苏州国画院名誉院长的聘书

因画生讼

此画抗日战争时期流散到日本。1950年初，一位日本商人持此卷到纽约兜售，索价五万美元，被一位外国商人收下。

然而，在纽约的不少鉴赏家对此卷是否属武宗元真迹有不同看法，让这位商人越听心越不定，继而游说王己千购藏。王己千当时没有足够资金，便以画易画，拿了六幅藏画与之交换，其中一幅，王己千讲明系刘松年后添款，这位商人也认可并成交。之后，商人将画上的名款刮掉。

谁知，商人后来知道那幅画确是武宗元真迹，后悔了，欲以原来的六幅画（包括已被他挖去题款那一幅）换回《朝元仙仗图》。王己千则不同意。于是对方请了三位律师将王己千告上法庭，控告他以假画换真迹。由于商人请的都是名律师，王己千请的律师不敢和他们对簿公堂，王己千就自己出庭，上堂为自己辩护。

官司纠缠三年。最后，头都闹大了的法官问双方：你们到底懂不懂中国古代书画？此前对自己鉴赏古画的眼光充满信心的王己千突然一下子低调了，回答说：“不懂，因为年代久远，可供参考资料太少。”而那位志在必得的商人却十分有把握地说自己“懂”。

于是法官当即宣判王己千胜诉。理由是：既然你“懂”，怎么可能被“不懂”的王己千欺骗？

情系故土

王己千对购藏中国书画极慷慨大方，但日常生活却极为节俭，他对自己的生活开销甚至到了苛刻的程度。曾经给王己千帮佣的人，也说他为人小气。据说为了节省，他叮嘱佣人将用过的保鲜膜洗干净、晾干后再用。就连他的不少友人也认为他是很吝啬的人，有人还对王己千常用纽约地区厚厚的电话簿练字不以为然。

节衣缩食的王己千将自己一些收藏品半捐半卖给了大都会艺术博物馆，该馆也以他的名字“C.C. Wang Family Gallery”命名。这是世界四大博物馆——法国巴黎罗浮宫博物馆、英国伦敦大英博物馆、美国纽约大都会艺术博物馆、俄罗斯埃米塔什博物馆中，第一家以中国人名字和他家族命名的艺术陈列馆，其中的藏品与世界上任何一家博物馆的早期中国绘画的经典收藏品相比，都不逊色，且其藏品覆盖完整，并有重迹。

那时，中国书画拍卖专场只要他出现，就会有C.C.Wang效应，竞价总会高得惊人。1980年，他受聘为苏富比国际拍卖公司中国绘画部特别顾问。也因此，他协助苏富比等著名拍卖行确立了中国书画在西方的拍卖定价体系，成为此项工作的奠基人。

王己千对家乡苏州怀有深深的感情，他曾回苏州寻亲访友，并为吴县办的《东吴》杂志题名，为虎丘题馆名“石奇”二字。1992年12月，苏州国画院还向王己千颁发了名誉院长的聘书。他一直希望能在家乡苏州举办一次书画藏品展。但因种种原因，这一愿望终未能实现。

2003年7月3日，王己千在纽约逝世，享年九十七岁。

桃花坞老年画《五子夺魁》

三清殿里“画画张”与姑苏新年画

文、图 / 姜晋

苏州人称年画叫“画画张”。说起这“画画张”，苏州玄妙观内的三清殿早在二十世纪二三十年代就一直是个传统的年画市场。这个销售年画的市场一直到二十世纪八九十年代才逐渐开始衰落，以致到后来玄妙观进行了总体改造，三清殿就不再是销售年画和书画的市场了。

旧时光

昔日的玄妙观三清殿，人们进大殿后就能看见沿墙一大圈的书画铺。铺摊上出售五花八门的年画以及书画对联和立轴等，但年画还是占了大部分。很多老苏州都还记得，早在民国年间，玄妙观三清殿里的年画让人目不暇接，《灶神图》《门神图》《百寿图》《送子图》《鲤鱼跳龙门图》《岳飞抗金图》《关公夜读春秋图》等，不一而足。

春节过大年，最受欢迎的是各种神轴和桃花坞木刻年画，威严的门神栩栩如生，捉鬼的钟馗正气凛然，买回去则“姜太公在此”——百无禁忌，安宅宁居。

殿内的书画柜均有牌号，有的顾客是冲着名家来的。其中规模较大的是清和轩书画社，殿内唯他一家是商会会员。清和轩书画社设有三座柜台，老板叫柳一尘，擅人物并能绘大幅布幌，所以杂耍班子里都是有他绘的大幅广告布幌的。在殿东南角一小间中，有书家汪度常年为顾客写春联、挽对等。

以后，三清殿里的书画铺又从上海、

天津等地批来各种彩印的“画画张”。这些“画画张”，无论纸张、颜色等都超过前者。画上印有各类人物、花卉、山水、历史故事等。每逢佳节或春秋香汛，三清殿更是门庭若市，生意兴隆，人们像轧神仙似的来这里游玩。所以，苏州有句老话，叫“三清殿里看画画张”。

“看画画张”是说，游客进殿可以尽情欣赏而不买，如碰到价廉物美的品种，挑选几张回去张贴也能祈得吉祥安康。已故苏州老画师尢玉淇曾在一篇散记中这样写三清殿里看“画画张”：

我小时候，经常要到三清殿去玩，因为它有一种特殊的魅力吸引着我。在殿内可以看“画画张”。踏进殿内，除了迎面高大的三清菩萨与殿内神座上的玉皇大帝以外，沿殿整个一圈，都是一家家的书画店铺。这是一个特殊的画廊，他们把裱好的画轴，印刷的年画，像挂帘子一般的一幅幅悬挂着，连里面的好些神像也都被遮住了，每个铺子内的店员，都有几个能写能画的，一面自画自销，一面可以应付需要对书画特殊加工的顾客。

新年画

中华人民共和国成立后，苏州桃花坞年画在传承传统年画的基础上又推出了姑苏新年画。很多老画家如杨云清、凌虚、徐云、张晓飞、王祖德等，都创作了一大批展现古城苏州与水乡新面貌、新生活的年画，这样就使得苏州桃花坞年画的题材更丰富多样，面貌是焕然一新。这些年画与其他地区诸如天津杨柳青年画等一起在三清殿内出样销售，很受苏州百姓青睐。

说到这“画画张”里的姑苏新年画，二十世纪五十年代初苏州画家就开始积极参与创作了。因为当时的中国美术界曾开展过一场“新年画运动”，其中大多数新年画集中在这几个主题的创作上：一是反映中国共产党所领导的光辉胜利；二是歌颂中华人民共和国成立这个伟大的历史事件；三是抒发中国人民对毛主席的热爱之情；四是反映社会主义建设的热潮；五是表现各族人民大团结，描画中华人民共和国成立之后，人民的新生活、新面貌等。

苏州画家立足本地，画了不少讴歌家

新旧玄妙观

凌虚的《洪福齐天》具有鲜明时代烙印

乡新生活的年画。诸如自1959年桃花坞木刻年画社成立后创作的一批新年画《丰收》《渔家乐》《大炼钢铁》和伟人、名人像等。那时候，创作设计人员杨云清、凌虚、徐云等都积极创作，如画家凌虚创作的《新姑苏玄妙观》《姑苏城外寒山寺》，国画家张晓飞的《水乡元宵》，年画家王祖德创作的年画《渔家书屋》等，都是姑苏新年画中的佼佼者，深受苏州人喜爱。

姑苏新年画中，节令风俗的年画大多表现年节的欢乐生活，家庭幸福美满和农民的劳动丰收，它特有的乡土气息、地方色彩和风俗人情给人以亲切感。而风景年画，如《新姑苏玄妙观》《姑苏城外寒山寺》《虎丘图》《姑苏北寺塔》等，都是描绘地方胜景，反映街巷见闻及士农工商各阶层之生活状态，贴在屋里，男女老少都能做“画中游”，其乐无穷。

争收藏

引领姑苏新年画的新年画创作活动，不仅受到广大群众的欢迎，而且在美术界受到了很多关注。翻看一下中华人民共和国成立后的年画创作史，在二十世纪五十年代初就开始出现的“新年画”，在当时似乎并没有被局限为一个画种，而是在一定程度上被看作美术界的集体创作运动。几乎所有画种的画家都参与了这场“创作运动”，许多堪称“新年画”经典的作品出自不同画种画家之手。这些不同历史时期的新年画名作，数十年来在玄妙观三清殿里都相继有展示和出售。

三清殿里“画画张”

如今，苏州有不少年画和书画收藏爱好者手里还都珍藏有一批这样的新年画名作印刷品“画画张”，以至这些“画画张”在当今收藏拍卖市场上仍大受追捧，拍卖价格不断攀升。

光阴似箭，苏州玄妙观三清殿昔日的“画画张”市场，给无数老苏州留下了美好的回忆。

词人吴文英的姑苏情事

文 / 卢群 图 / 于祥

顾曾平 / 绘

柳暝河桥，莺晴台苑，短策频惹春香。当时夜泊，温柔便入深乡。词韵窄，酒杯长，剪蜡花、壶箭催忙。共追游处，凌波翠陌，连棹横塘。

十年一梦凄凉，似西湖燕去，吴馆巢荒。重来万感，依前唤酒银罂。溪雨急，岸花狂，趁残鸦、飞过苍茫。故人楼上，凭谁指与，芳草斜阳。

这是南宋词人吴文英的《夜合花·柳暝河桥》。

吴文英（约1200—约1260），字君特，号梦窗，四明鄞县（今浙江宁波）人。吴文英本姓翁，因过继给吴氏而从了吴姓。

客居姑苏十二载

吴文英自小聪颖，弱冠之年就以文辞闻名乡里。他在南宋词坛是作品数量较多的词人，流传至今三百四十余首，仅次于辛弃疾。他擅长抒写感伤情绪，重炼字炼句炼意，风格典雅温丽，被后人推崇为“词中李商隐”。清人周济对他的评价甚高，在其《宋四家词选》中将其与辛弃疾、周邦彦、王沂孙并列为两宋词坛四大家之一。

吴文英出身官宦世家，偏偏厌恶官场，不愿赴试。不当官，生活怎么办？他就做幕僚，以此养家糊口。吴文英游幕终身，于苏州、杭州、越州三地居留时间较长，其中在苏州待了将近十二年。之所以客居苏州这么久，是因为吴潜。

吴潜是南宋后期的名臣和诗人，于嘉定十年（1217）中状元，授承事郎佥镇东军节度判官，迁江东安抚留守。同为文人，吴潜与吴文英惺惺相惜，吴潜非常赏识吴文英的才华，便将他招至帐下，聘为江南东路提举常平司幕宾。这年，吴文英二十岁左右。

吴文英喜欢苏州这个地方，吴潜顺其意，将他分派到苏州常平仓。

风月场中遇知音

吴文英在苏州城的葑溪畔赁屋而居。彼时葑门外，绿野间散落着星星点点房舍，在吴文英眼里，颇有“杨柳岸晚风残月”的意境。诱使他在这里安下身来的，正是北宋词人柳永的那首《雨霖铃·寒蝉凄切》。

吴文英极欣赏柳前辈的这首佳作，尤

其是词中恋人分手，难分难舍的描写，淋漓尽致，跃然纸上。吴文英每回诵读，都不由得击节赞叹。或许，吴文英潜意识里，也期冀着在葑溪桥头、白月光下，遇到一位让自己难舍难分的恋人吧？

也许是机缘巧合，不久，真有这么一个女子走进了他的生活。

居苏十余载，因为吴潜的关系，常平仓主官对吴文英格外照应。这就让吴文英囊中较充盈，空暇时间多，过得颇滋润。有闲又有些钱，就会想到娱乐。

宋代文人习常的娱乐是叫局听曲，叫局是朋友聚饮时请歌伎来助兴，歌伎来了就会献上几支曲子，曲子一般都是时下风靡的词作，类似今天的流行歌曲。

这一日，吴文英与几位朋友聚餐，照旧招来歌伎佐酒。来的是一名妙龄女子，淡妆素饰，不带半分风尘气。虽不是沉鱼落雁之貌，但也有明艳动人之容。只见她怀抱琵琶，端坐一旁，含笑等待客人点曲。

吴文英问：“姑娘，你能唱何曲？”歌伎答道：“先生想听什么曲子，随意点。”吴文英说：“就拣你最熟悉的唱吧。”于是，歌伎抚弦索，启朱唇，檐下廊间洋溢起了曼妙的歌声：

推枕南窗，楝花寒入单纱浅。雨帘不卷。空碍调雏燕。

一握柔葱，香染榴巾汗。音尘断。画罗闲扇。山色天涯远。

一曲方罢，余音还在绕梁，朋友便呼道：“梦窗，这不就是你的《点绛唇·推枕南窗》么？”

歌伎献唱的正是吴文英旧作。歌伎闻言，颇觉意外，忙起身问道：“在座诸位先生，有吴文英吴梦窗先生耶？”吴文英颔首道：“在下便是。”

歌伎放下琵琶，敛衽施礼道：“妾身最爱先生词，先生凡有新作流出，妾身千方百计搜集之，十廿年矣！今日有幸得见先生，万分高兴。只是妾身艺浅嗓糙，恐将先生妙词唱失了韵，惶恐惶恐！”

吴文英见她温良婉约，谈吐得体，对她不由增了三分欣赏之情。众人听了还不过瘾，让歌伎继续唱。歌伎稍一凝思，将琵琶校了校音，脸色显得庄重起来，唱道：

渺空烟、四远是何年，青天坠长星。幻苍崖云树，名娃金屋，残霸宫城。箭径酸风射眼，腻水染花腥。时靸双鸳响，廊叶秋声。

宫里吴王沉醉，倩五湖倦客，独钓醒醒。问苍波无语，华发奈山青。水涵空、阑干高处，送乱鸦、斜日落渔汀。连呼酒、上琴台去，秋与云平。

这是吴文英到苏州后创作的怀古词，词牌名《八声甘州》，原是唐边塞曲，吴文英与同事游灵岩山，凭吊吴宫古迹，联想到宋朝国事，抒发感慨而作此词，叹古今兴亡。

这首《八声甘州》经此一唱，更显低回宛转，含咏不尽，真有催人涕泪之味，吴文英对这名歌伎的欣赏又添了三分。

自此以后，吴文英每逢聚宴，总是叫这名歌伎的局。次数多了，两人就熟稔了，终于走到了同床共枕这一步。由于记载中查不到这名歌伎的姓名，我们姑且以“苏姬”称之。

无奈强作负心郎

吴文英与苏姬同居数载，十分恩爱。可这份幸福未能保持到白头。究其原因，又与吴潜有关。

吴潜是个能臣，朝廷将他调往京城。吴潜一走，吴文英的处境就不妙了。吴潜从前的政敌对吴文英百般刁难，削俸加差，把他搞得苦不堪言。后来吴文英实在无法忍受，只能递了辞呈。

饭碗敲掉了，还有什么本钱玩浪漫？吴文英只得和苏姬分手了。尽管苏姬一再表示愿意跟着他，少吃少穿也不在乎，但生计无着落的吴文英怎忍连累她，最后还是含泪劝走了这个心爱的人儿。吴文英前往京城临安（今杭州），前去投奔吴潜前，对她说，只要有了转机就来接她。

吴文英并没有兑现承诺。他找到了吴潜，吴潜却婉拒了他，他的境况没有好转，也就没好意思再晤苏姬。就这样，吴文英和苏姬断了联系。

吴潜婉拒吴文英是有原因的。虽然进京后官越做越大，却与贾似道结下了梁子。贾似道仗着其姐是理宗的妃子而独霸朝纲，把南宋王朝搞得越发的乌烟瘴气。他将吴潜看作莫大威胁，多次进谗言加害吴潜。吴潜明白，此时如果将吴文英招致入幕，贾似道必将把吴文英当成他的亲信，岂肯饶过？

吴潜的担忧并非杞人忧天。景定元年（1260），吴潜被贬谪到循州（今广东省惠阳），贾似道仍不解恨。次年，贾似道指派心腹刘宗申为循州知州，授意其杀死吴潜。景定三年（1262）五月，刘宗申设宴为吴潜过六十七岁的生日，用毒酒致吴潜身亡。

吴文英虽然避开了贾似道的“惦记”，但躲不掉贫寒的煎熬。后来的岁月，吴文英仍靠当幕僚为生，不断投帖求职，辗转寻觅东家，收入菲薄，苦度光阴，史料说他“晚年困踬以死”。

柳暝河桥忆佳人

吴文英并未忘却苏姬，时常有忆姬之作。如《西江月·登蓬莱阁看桂》《一剪梅·远目伤心楼上山》《诉衷情·柳腰空舞翠裙烟》《瑞鹤仙·乱云生古峤》等词，无不流露出对伊人的思念。

在众多思念苏姬、回忆过去时光的词作中，文首那阙《夜合花·柳暝河桥》是最感人的一首。

苦苦相思十年，实在忍不住了，吴文英特地从杭州去了一趟苏州，追寻当年与苏姬的种种。而苏姬早已消失在茫茫人海，不知去了何方，甚至不知她是否还在世。走在当年与苏姬同居的葑溪横街上，吴文英百感交集，填了这首《夜合花》。词的上片追忆与苏姬的欢聚，下片感伤与苏姬的分离，最后以景结情，写出人去楼空、徒增黄昏触目之愁。从中，不难读出吴文英与苏姬笃厚的爱情。

在这之后，吴文英还陆续写了若干首追怀苏姬的词。清代杨铁夫《梦窗词选笺释》评点《点绛唇·有怀苏州》时这样说：“此亦忆姬之作，姬归苏，怀地即怀人也。”可以说，吴文英是在不断忆念苏姬中度过他的余生的。

吴文英在苏州住了十二年，占了他生命的五分之一。他留下怀念苏姬的词有五十余首，占了他存世词作的七分之一。吴文英的时代距今已经八百余年，今天的葑门横街已不是南宋时的街坊，吴文英租赁的小楼连遗址也无法辨认了。

不过还好，吴文英和苏姬的故事流传了下来，于是，葑门横街上似乎还能捕捉得到《夜合花·柳暝河桥》的音韵。